JN012669

弁護士が語る
中国ビジネスの勘所

弁護士・中小企業診断士

金藤　力 [著]

一般社団法人 金融財政事情研究会

序

　私（金藤）がもっぱら中国関係の業務を扱うようになってから、気づけば10年が経ちました。

　私が日本の弁護士として中国にかかわり始めた最初の案件は、初めて弁護士バッジを身につけた西暦2000年からほどなく、中国の子会社が倒産したことが原因で民事再生に至った日本の中小企業の案件でした。その後、2003年から2007年までは京都の上場企業の法務部で仕事をする機会を得て、さらに日本企業各社の事業活動に中国が多くの面でかかわっていることを知り、中国法務の分野では先駆者の一つであったキャストグループに参画するご縁を得ました。

　この10年、さまざまな依頼者の方々から、さまざまな内容の案件にかかわる機会をいただき、現在の私を支える貴重な経験を積ませていただくことができました。いまにして振り返ってみれば、「当時の私にこういう知識と経験があれば、もっと違った解決ができたかもしれない」と思うことは本当に山ほどあります。そのように歩んできた道のりを振り返ってみたとき、そして、大阪で、十分な外部専門家の支援もないままに、中国ビジネスに日々取り組んでおられる企業の方々と接するうち、この機会に自らの知識と経験を整理してお知らせすることは中国ビジネスにかかわる皆様の一助となるかもしれないと思い、書籍の執筆に思い至りました。

また、私は2010年から上海、2014年から北京への赴任を経て、2018年初めに大阪に戻りましたが、これは、中国現地の最前線での経験を積み上げてきたとはいえ、日本に身を置いたときに自分がどのような価値を依頼者の方々に提供できるだろうか、と再考する機会となりました。

　キャストグループは、法律事務所の業務の枠にとらわれず、中国に進出した日系企業の方々が何か困ったことがあれば何でも助けになれるようにという気概をもち、会計士・税理士などのさまざまな有資格者が集まって、各案件の対応に関しても法務の枠にとらわれない幅広い観点からのアドバイスを提供しています。そのようななかで自分が中国で経験してきたすべてのことは、日本でも同様に役に立つはずだと考え、コンサルティング業務については唯一の国家資格である中小企業診断士試験を受験してみることを思い立ちました。

　1年足らずの期間で、1回の受験で試験に合格できたことは、すべて私がこれまでに積ませていただいた経験によるものだと考えています。これまで長い間にわたり、案件を通じて貴重な経験を積む機会を与えていただいた皆様への恩返しのために、何かをかたちに残したいという気持ちを抱いたことも、この書籍を執筆し始めた理由の一つでした。

　本書で扱うテーマ・内容については、あえて法的な内容はなるべく避けています。

　法律事務所と企業の両方で仕事をした身として、中国法務に携わる方々向けの書籍は、知識やテクニックに重きを置いた高

度な内容のものが多数ありますが、実務では、「むずかしい問題は避けて、できるだけ安全で楽に事業の目的を達成する」ということが目的です。その意味で、何が失敗しやすいポイントで、どういう考え方をしておけばおおむねうまくいくのかという視点こそが大切と感じることがあります。そのような視点をご提供することは、細かな法令や裁判例の知識よりも役に立つ場面が多いと確信しています。

　そのような観点から、本書は、できる限り多くの方々に読みやすく、中国ビジネスに携わるにあたってぜひ知っておいていただきたいことがなるべく伝わりやすいようにと心がけて執筆しています。そして、そのために、主に「日本と中国でここが違う」というポイントをご紹介することを主眼としています。この知識がなく、無意識に日本と同じ行動習慣をとってしまうことが、失敗の原因になることがあるからです。

　中国ビジネスに関する知識を網羅的・体系的にご紹介するものではなく、あくまでも私個人の経験した範囲において執筆しておりますので、中国ビジネスにすでに長らくかかわっておられる諸先輩方にはやや物足りない、また見方が偏っている内容になっているかもしれませんが、あらかじめご容赦いただければと存じます。

　キャストグループももうすぐ満20周年を迎えます。貴重な経験を積ませていただいたキャストグループの専門家各位への感謝の気持ちを表するとともに、ぜひ、中国に進出して事業を展開されている日系企業の皆様のためにもお役に立てればと願い

つつ本書を執筆しております。

　私は会社での勤務を通じて、事業とは価値の創造・提供であり、事業が継続・発展していくことが株主・従業員などステークホルダーのみならず社会全体の幸福につながることを、身をもって知ることができました。そして、法務の専門家であるとはいえ、その活動の目的は決して法務的な問題そのものを予防・解決することにあるのではなく、ひとえに企業の事業活動の継続・発展を守るためにあるとの考えのもと、日々の案件対応に取り組んでおります。

　今後も、多くの日本企業が、中国ビジネスを事故なく、順調に継続・発展させていただくことを祈っておりますので、本書が少しでも皆様のご参考になれば幸いです。

　2019年8月吉日

弁護士・中小企業診断士

金藤　力

目　次

第 I 部　経営戦略

第 1 章

進出と展開の段階

第 2 章

マーケティング

第 **2** 章

中国企業のよしあし

第 **3** 章

違いに注意すべき各制度

はじめに

　だれしも「みえない」「わからない」ものには不安を感じる
ものです。また、逆説的ですが、「安心」もまた「みえていな
い」ことから生じるところがあります。「信頼できる相手だと
思ってすっかり安心して取引していたのに、こんなことになっ
てしまうとは」というのはビジネスではよくあることですが、
中国ビジネスにかかわる企業の方々にとっては、よりそういう
傾向があるようです。

　そのような「想定外」はリスクであり、比較的安定的で安全
な日本の社会では「リスクといえば避けるもの」と思われがち
なのですが、海外に一歩出てみると、みえないこと、わからな
いことだらけです。そうしたとき、日本にいらっしゃる方々は
「海外はそういうもの」と思考停止に陥ってしまいがちで、さ
らに「中国はこうです」と中国の方々がおっしゃると「ああ、
そうなんですか」としかいえない状況がその傾向に拍車をかけ
ます（ここでいう「中国」は架空の存在で、本当は「私はこうで
す」の意味である場合が多いのですが）。

　一方で、リスクは本当に回避するだけのものかと考えます
と、投資の世界ではリスクは「振れ幅」にすぎず、テイクする
ものでもあります。安全な国債を買い、低金利の銀行預金に多
額の資金を置いて「安心」と考える人もいれば、「インフレの
ほうが怖い」とリスクをとる人もいます。要はバランスです。

さまざまな視点と経験をもっておくことで「想定外」はある程度は想定のなかに織り込むことができます。何よりも「騙された」「だから中国は……」という不愉快な気持ちになることを避けることができます。

　それでも、すべてのリスクを想定してこれを回避することは不可能です。私のように10年以上にわたって中国の「リスク」に関係する仕事ばかりしていた者であっても、想定外のことは起こります。そこで、「プランA」をまず想定し、それがなんらかの事情で実現しない場合の「プランB」、さらに最後の手段としての「プランC」というように3つくらいの対策を考えるのが私の習慣になりました（私の中国経験のなかで、この「プランC」という最後の切り札を切らなければならないところまで追い込まれたのは10年にわたる数多くの案件対応のうち数回ですが、それでも二段構えでは足りず三段構えまでは必要というのが実感です）。

　最悪の場合でも取返しがつかないような致命傷を避ける、そのことさえ確保できていれば、後は思い切って各企業の方々が「強み」を発揮していただくことができます。そのように企業の活動をサポートしていくことを心がけています。

　中国の方々は、楽観的であることがよいことで、悲観的であることにはネガティブな印象をおもちであるようです。まだ商品が売れる前から、コンプライアンスがどうかとか、潜在的リスクがどうかとか、先回りして将来のことを見通して判断しようとするのは日本企業の美点だと思うのですが、中国の方々か

らは「心配しすぎ」「そんなことをいっていては何もできない」となります。

　リスクを把握し、想定に織り込んでおき、さらにそれでも想定外の事態が起こることを考えて、万一の場合でも致命傷を避けるために、本書が少しでも助けになればと希望しています。

第 I 部

経営戦略

第 **1** 章 進出と展開の段階

中国とのビジネス面でのかかわり方は各企業によって千差万別です。直接に中国現地企業と取引している企業はもとより、さらには、日本で日本国内向けの商品を販売しているのに、それが意外にも中国で人気を博し、日本国内での売上が実は中国現地の顧客・消費者によって間接的にもたらされているということもあります。

　このような多様な中国関連のビジネスを進めていくときには、課題もそれぞれ異なるものです。そして、時期によっても異なります。たとえば、中国の越境ECに関する規制が変化することによって日本国内での売上が大きな影響を受けている企業もあるようですが、そのような場面では、これまで越境ECで十分な利益を得られていたところ、なんらかのかたちで中国現地への進出を考えなければならなくなる、ということもあります。

　もちろん、中国現地に進出することが常によいわけではなく、日本にいながら中国市場の恩恵を受けることができれば安全かつ容易で実はいちばんよいということもあります。以前は中国に製造拠点を置いていたが、役割を終えたために日本からの輸出取引のみに切り替えたことによって業績が安定・改善したということもあります。

　とりわけ、急激な人民元高が進んだ2010年代前半や、米中貿易摩擦が盛んに話題になっている最近のような状況では、「今後どうなるのだろうか」と心配になりますが、こればかりは読み通すことは不可能ですから、どちらかの可能性に賭けるか、

それとも「どちらに動いたとしても対応できるように」という発想で取組みを考えていくかです。ビジネス展開の形態を考えるときには、状況に応じて機敏に動ける身軽さをもちながら、状況によってリスクとリターンをみながら判断して動けるかどうかを考えておくようにしています。

　ですから、常にどう行動すれば正しいというセオリーはないわけですが、さまざまな選択肢を念頭に置き、それを市場環境や時期などの機会を適切にとらえて柔軟に選択・実施していくことは有益と思われますので、まずはさまざまな進出形態について述べます。

1 進出形態

　中国に限らず、海外ビジネスへの進出形態については、一般論として大きく分けて4つあるといわれています。

① 現地に拠点を設けず、現地パートナーとの契約により取引する場合

② 現地に駐在員事務所を設ける場合

③ 現地パートナーと共同出資して、現地で合弁会社を設立する場合

④ 自社で100％出資して、現地子会社を設立する場合

　近年は中国国内のマーケットに向けたビジネス展開を企図されている場合が多いと思われますので、以下ではその観点からそれぞれについて述べます。

　まず、初めて中国ビジネスにかかわろうとする多くの企業は、いきなり現地法人を設立しようとするのではなく、中国企業との製造委託契約や販売代理店契約を通じて中国ビジネスにかかわっていくことが多いと思います。OEM生産を委託していた委託先の中国メーカーからの申入れを受けて、ライセンス契約などを通じて技術提供を行い、より先進的で付加価値の高い商品を輸入するとともに中国国内に展開していくこともあるでしょう。

　この形態は、中国に常駐させる人員が不要であり、実施が容

図表Ⅰ－1－1　各進出形態のイメージ

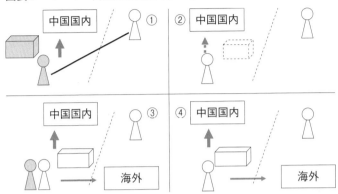

易です。拠点をもたないため管理負担もほとんど増えません。ただ、取引相手となる中国企業側に中国現地の対応を委ねてしまっているため、事業の成否は取引相手の選定に大きく依存します。特に中国国内市場向けに商品を販売していく場面では、中国国内の流通において生じる付加価値を取り込めず、収益貢献は大きくなりづらいという一面もあります。また、長期的な展開を視野に入れるときには、現地に人員を常駐させないという部分が逆にデメリットとなります。自社内で中国国内の取引に関するノウハウが蓄積されず、中国現地企業側に依存せざるをえない状況が続くことになりがちだからです。

　ですから、さらなる発展を求めてさらに中国現地への足がかりを求める段階では、駐在員事務所を設立することが考えられるでしょう。駐在員事務所は現地に人員を置くことになりますので固定経費が継続的に生じますが、現地で得られる情報と経

験は、日本にいるのとは雲泥の差があります。複数の中国現地企業との取引を行う場合には機敏にその連絡・調整を行うことができ、円滑で効率的な業務遂行が期待できます。現地での取引過程に接することでノウハウを蓄積して、よりよい事業、よりよいパートナーを選ぶことができるようになることが期待できます。

ただし、駐在員事務所は収益業務を行うことができないため、実際の取引の経験が蓄積できず、直接的な収益貢献もないというデメリットが大きいです。また、中国についていえば、かつては駐在員事務所は比較的よくみられましたが、2010年から税制の変化（※）に伴って現地法人化が進んできており、現在ではあまり積極的に採用するメリットがない進出形態ともいえます。

> （※）　中国の制度では、駐在員事務所は基本的に連絡業務のみを行うことができ、商品販売やサービス提供などの収益業務を行うことができません。そのため、2010年より前は、収入ゼロとして申告すれば、課税負担が生じない扱いが主流でした。ところが、2010年1月1日からは、収入のない駐在員事務所は経費支出に基づいて企業所得税（日本の法人税に相当）が課税されるようになりましたので、実際の所得（収入と支出の差額）のみに課税される現地法人よりも不利となってしまいました。その結果、現地法人を設立して駐在員事務所の機能を引き継がせる例が多くなりました。

中国国内に合弁会社を設立し、またはM&Aを通じて中国企

業に出資する場合でも、それ以前の契約を通じた取引を経て得られた経験と人脈の延長線上で行われることが多いと思います。合弁会社は、現地パートナー企業の有する人的・物的リソースを活用し、新たに不動産を用意したり新たに人員を採用・教育したりといった時間と手間を省けるメリットが大きく、さらに、現地パートナーが有する販路や人脈を生かした販売拡大が期待できる進出形態です。過去においては、外国企業による投資への規制が厳しかったことから、制度上、合弁会社にせざるをえないという場面も多かったのですが、現在ではビジネス展開上有利という積極的な理由から合弁会社の形態で進出している例も比較的多くなっています。

　しかし、いったん現地パートナーとの間で運営方針について意見が分かれた場合には、機動的な事業展開ができなくなってしまい、場合によっては事業そのものが頓挫することもあります。また、現地パートナーに現地での運営を任せきりにしていると、知らないうちに合弁会社の利益を現地パートナーが流出させてしまっているような場合もあります。よい現地パートナーにめぐりあうことができれば、自社単独では得られない利益が得られるのですが、そこは「運次第」となる要素が大きいことも確かです。

　できる限り日本本社の経営理念や経営方針が貫徹されることを目指すならば、やはり100％子会社の設立が第一の選択肢となります（合弁会社と100％子会社を両方設立して役割分担して運営するというプランもありえますが、これは上級者向けのプランで

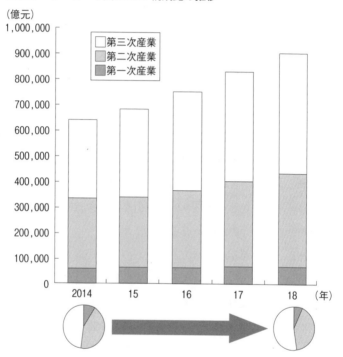

図表Ⅰ-1-2　中国のGDP構成比の推移

（億元）

凡例：
第三次産業
第二次産業
第一次産業

す）。

　中国では2015年に第三次産業のGDP構成比が50％を突破しました（図表Ⅰ-1-2参照）。また、2012年から2016年まで5年連続でPPI（生産者物価指数）の伸びがCPI（消費者物価指数）のそれを下回っていました。いわゆる過剰生産能力が問題となっていた時期とおおむね重なりますが、このような状況では、製造だけではなくその後の流通、さらにサービスに関する業務

に関与していかなければ、十分な付加価値を実現することができません。そのためには、中国国内市場における流通段階に関与する現地法人をもつことが直接的な手段となります。

　一時期は、中国現地企業のもつ販路を活用するには合弁会社形態が適切だという考えが主流であった時代もありました。しかしながら、合弁会社であっても、そこから需要者への販路・商流のなかにも中国現地企業側の関連会社が介入してマージンを得ているケースなど利益相反的な状況が生じることもあり、合弁会社であるからといって常に公平な利益分配が実現するわけではありません。性善説に立てば、出資者双方がともに合弁会社の利益を最大化するように行動し、その利益を合弁会社からの配当を通じて共有することがシンプルで理想的ですが、中国で私がみてきた限りでは、残念ながらそう簡単にはいかないのが現実のようです。

　中国現地企業の販路を生かすという意味では、合弁会社の設立よりも、販売代理店やOEMでの取引を通じたほうが機動的ですし、むしろ互いの取引条件の調整によって随時に公平な利益分配を実現しやすいという意味では合理的かもしれません。そのような観点からすると、むしろ完全子会社をもつほうが合弁会社に出資するよりも優れている面もあります。

　以上のように、4つの進出モデルには、それぞれメリットとデメリットがあります。これを私なりにまとめると、図表Ｉ－１－３のようになります。

　製品そのものに非常にニーズを満たす力があるときは、だれ

図表 I - 1 - 3 　各進出形態の比較表

進出形態	価値の源泉	管理負担	コメント
現地拠点なし	製品そのもの	ほぼない	契約相手と契約次第
駐在員事務所	＋調整・管理	小さい	現地企業との接点
合弁会社	＋現地対応	相対的には小さい	事故も起きやすい形態
100％子会社	＋マーケティング	大きい	理念や経営方針が一貫

がどう売ろうと売れるわけですから現地拠点をもつ必要がなく、せいぜい現地企業をうまく動かすための折衝をする機能が現地側にあれば足ります。逆に、製品そのものの魅力が直ちには需要者に認識しづらく、ブランドや広告宣伝、商品説明やアフターサービスなどを通じて需要者に認識されるような場合には、現地側での対応力やマーケティング戦略がなければ十分な付加価値を生むことはむずかしくなります。

　最初から現地法人を設立して運営することは、特に人的・物的・資金的な経営資源が限られている中小企業ではむずかしいですが、最終的には100％子会社を運営することができるだけの中国ビジネスに関するノウハウを蓄積していくことを視野に置いておくほうがよいでしょう。そのために、たとえば代理店契約やライセンス契約を結ぶときでも、契約終了の条件を明確にするなど、自社での将来の進出を妨げないようにする工夫をしておくことが、将来の発展のための布石になります。

さらに、どの形態を選ぶかよりも大切なのは、時期や状況に応じた「変わり身」ができる身軽さがあるかどうかです。

　一般的には、はじめは現地に拠点を置かず、駐在員事務所、合弁会社、さらには子会社という順番で拠点を拡充していく会社が多いように思われますが、しかしながら、これらの形態はいずれもメリット・デメリットがあり、それは状況によって変わることがあります。たとえば、現地で完全子会社をもち、製造・販売の一貫体制をもっていることが強みであったとしても、その後、人件費の高騰などによって製造部門がお荷物になり、これを切り離して販売だけに注力するような事業再編を行ったような事例もあります。

　ですから、進出の流れは一方通行ではなく、場合によっては自社拠点を閉鎖して現地企業とのOEM取引のみに事業を集約するなどの対応が合理的である場合もありますし、一つのモデルだけではなく事業ごとに組合せで実施するほうが、効率がよいこともあります。あくまで状況次第です。

　極端な例では、設立準備から会社設立、そして事業開始までの間に市場環境が変わってしまい、わずか１年程度で合弁解消に至ってしまうようなこともあります。状況変化の早い環境下では、スピード感と機敏さを保つことは進出形態を選択するかの判断そのものよりも重要な場合があるのだろうと感じているところです。

コラム①

「ご縁」を生かす

よくいわれることですが、中国ビジネスに進出するにあたって成功するか否かを分ける大きな要素は、よいパートナーにめぐり会えるかどうかという「ご縁」です。

たとえば、業界団体の立派な肩書をもっていて、「私がいれば、貴社の製品規格を国家基準に組み入れてもらって、すべての会社が貴社の技術を使うようになるでしょう」と大言壮語していた中国企業をパートナーにして合弁会社を設立したのに、その後、いくら待てども国家基準に入れてもらうことはできず、何年間もずっと計画どおりの事業展開ができないまま進出が頓挫してしまったという事例があります。

これは、スタートアップ企業の新進気鋭の社長さんだと思って結婚したら、実はまだ売上も全然立たないような、「ダーウィンの海」どころか「デビル・リバー」さえ越えていないような会社で、売れないミュージシャンと結婚したかのような苦労に見舞われたというくらいの不運なお話ではあります。恋は盲目といいますが、ビジネスでは組む相手の見極めは重要です。

しかしながら、「ご縁」は大切ではありますが、すべてではありません。当初はとても円満だったのに、立場が変わった途端に豹変するというケースもあります。

ある合弁会社では、最初、中国側がマジョリティをもち、企業のほぼすべての活動を中国側パートナーが取り仕切って、日本の技術と中国の労働力をうまく使って利益をあげてきました。10年以上にわたり、両社は蜜月の時代を過ごしま

した。

　その後、新製品の展開のための新規投資を打診したところ、中国側は資金を出す余力がなかったので日本側が単独で資金を出し、これによって出資比率が逆転して日本側がマジョリティを占めるようになりました。ところが、この新規投資による事業展開が思ったように進まないうちに市場環境が大きく変化してしまい、事業プランの見直しが必要になりました。

　そこで日本企業側は中国側パートナーとの協議を試みたのですが、中国側は「日本側がマジョリティなのだから、すべての責任は日本側にある」と豹変し、あの蜜月の時代からは思いもつかないような泥沼の「離婚紛争」に突入していくことになりました（私とともに対応した中国律師も呆れて苦笑するほどの不合理な主張をかたくなに繰り返す中国側パートナーの社長のようすは、まさに離婚紛争の当事者そのものという趣でした）。

　私は仕事柄、このような悪いほうの展開になった場面に立ち会うことが多いのですが、もちろん大成功して大きな利益をあげておられる会社も多数あります。

　「ご縁」に恵まれ、しかもそれを生かす努力をする、合弁会社というのはまさに夫婦生活と同じではないかと思うことが多いです。できればすべての夫婦が仲睦まじい老後を迎えることができるようにと願います。

2 柔軟性あるモデル

　中国に進出するにあたって、日本のビジネスモデルをそのまま持ち込むことができるかどうかという点は、進出の難度を大きく左右します。

　たとえば、日本では駐車禁止の取締が厳しくなった頃から、その制度変化に対応して自転車での配達が広がってきました。しかし、中国で同じモデルを適用すればヒットするのかといえば、そうではありません。中国ではマンションの区画の入り口近くに荷物が届けられて、そこから先は各戸のドアまで荷物を運ぶことを担当する別のスタッフがいるのが普通です。Uberのような出前サービスに似たようなかたちで、スマートフォン一つで配達業務を受託して荷物の集配を行っている若い人もいます。マンションの入り口までの道は大きいですし、ドライバーは門のところまで車で行けばよく、車を離れて各戸のドアまで配達する必要もありません。ですから、日本のように配達のうえで自転車が活躍する場、埋めるべきスキマがないのです。制度も違うし、マーケットも違うということです。

　逆に中国の商品やサービスが日本に展開する場合も、同じことがいえます。

　中国で普及している配車アプリは、中国ではタクシー以外の一般車両でも登録・利用することができます。したがって、法

規制はともかくとして、自家用車を所有しているがタクシー営業の免許はもっていない人たちがスマートフォンからアプリで登録して、タクシーが走っていないような場所でも人を乗せて運んであげるということができるという大変便利な状況が生まれました。一方で、日本で同じことをすると「白タク」（違法タクシー）扱いになってしまうので、タクシーしか配車対象とすることができません。中国でもタクシー営業には免許が必要であり、その制度は基本的には同じなのですが、新しいサービスの登場が既成事実化すると、法規制がそれにあわせて変化するようなところがあります。

　シェア自転車も、いまは中国でも一時期のブームは過ぎ去りましたが、日本で同じことをすれば違法駐輪が公害化することが明らかなので、やはり中国のビジネスモデルをそのまま持ち込むことができず、コンビニエンスストアとの提携などを模索していました。

　日本ではスマートフォンを使った雨傘のシェアビジネスも始まるようですが、中国ではシェア自転車すら盗難が多発したの

図表 I － 1 － 4　ビジネスモデルの調整

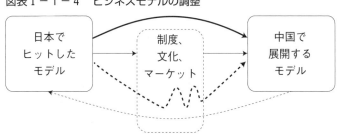

ですから、雨傘はさらにむずかしいでしょう。このように、日本でヒットしたビジネスモデルを中国に持ち込めばヒットするのかといえば、必ずしもそうはいえず、逆もまたしかりです。

　もちろん、単純に、日本では特にむずかしい行政上の手続をしなくてもできる仕事が、中国で同じことをしようとすれば許可申請や届出をしなければならないので、同じことができないということもあります。スマートフォン向けのアプリをつくって、ユーザーがアプリ上で使うトークンを自分で売ろうとすることも、そのアプリを無料で配って広告を掲載して広告収入を得ようとすることも、中国ではそれぞれ必要な行政手続を経ていなければ違法です。そもそも許可を申請しても許可されない場合も多く、設定された条件が厳しすぎる場合も当然あるのですが、「条件を明確に定めたルールが存在していないので審査ができない。だから許可しないし、申請も受け付けない」という状況も時々見かけます。

　そこで、すでに必要な許認可を得ている中国国内の業者と提携して、許認可が必要な業務はその提携業者に委ねることや、許認可が必要でないかたちにビジネスモデルを少し変えるという調整が必要になってきます（許認可の名義貸しそのものは通常禁止されていますが、それに近いビジネスをしている会社があるのも、「口利き」ビジネスが大好きな中国らしいところです）。

　中国では、法律規定がまだ制定されていないうちに、グレーゾーンのビジネスが展開している状況もよくみられます。P2P金融しかり、仮想通貨取引所しかり、です。これらは、社会で

一定程度認知され、そのもたらす弊害が認識された後、ようやく規制が整備されてきました。

　日本でも「民泊」をめぐる規制は同じように、既成事実が先行したかたちになりましたが、ただ、日本の場合は先回りして厳しすぎるくらいの規制を設けたところがあるのに対して、中国では、既成のビジネスを急に止めてしまうとかえって社会的混乱が生じるので、そのあたりのバランスをみながら徐々に規制を強化しているという違いがあるように思います（政府に期待するか自己責任かという文化の違いもあるかもしれません）。

　日本企業はコンプライアンス重視ですので、グレーゾーンがある場合はこれを避けようとするケースが多いと思われます。その点で、新たなビジネスモデルの展開はどうしても中国企業よりも遅れがちになります。これは外国企業である以上は致し方ない部分があります。そのような場合は自社展開を貫こうとするのではなく、現地企業を主体として先行実施させ、後にこれをグループ内に取り込んでいくなど、時間軸を取り入れた発想も有益であることがありますし、自社で取り組めるところから取り組もうということもあります。どれが正解ということはありませんが、比較的新しいビジネスモデルは、「できる、できない」は白黒がはっきりしていない場合が多いです。グレーゾーンがあり、しかもそのグレーには濃淡がある（いまは規制がないが将来は違法視されそうなのか、将来は規制が導入されるが対応可能な程度の規制なのか、など）、さらに時間によって変化していくという視点をもっていただくことは大切だろうと思い

ます。

　時間の経過によって法規制が変わり、そもそもビジネスの前提が覆ってしまうこともあります。たとえば、私が上海に赴任した頃、タクシーの免許は日本と同じく中国でも数量が制限されており、免許そのものが高額で取引されることさえありました（もちろん非合法ですが）。しかし、その後、配車アプリの登場に伴って「白タク」が堂々と街中を走るようになると、タクシーの免許は法定価格の拘束などの制約を受けるデメリットのほうが目立つようになりました。多くのタクシードライバーは、せっかく多額の資金を投じてタクシー免許を手に入れたのに、それが収益を生み出す力を失ったというわけです。

　会社の場合も同じように、免許が生み出す収益力を期待してM&Aを行う場合もあります。そのような規制緩和があるかもしれないと認識していれば、M&Aの投資規模も変わってくるでしょうし、いきなりM&Aで買収しようとせず、資本提携で緩やかなつながりをもって事業展開するという発想もできるでしょう。

　このように、法規制の変化に関する情報は値千金の価値をもつことがあります。日系企業から現地に赴任されている方々は中国の政策変化の動向を常に意識なさっており、熱心に情報を集めておられた印象があります。中国に拠点をおもちでない企業の方々もなるべくインターネットを通じて中国語の情報に接するようにするなど、情報のアンテナを伸ばしておくことをお勧めします。

3 提供できる「価値」

　ビジネスモデルを考えるうえで、企業の皆様は日々、さまざまな角度から顧客ニーズや自社の「強み」を考えながら、新商品や新事業を考えておられるところと思います。しかし、たいていの場合は、経営者の方々ご自身の経験から、ふとしたきっかけで思いついたことを実行していく、そうしたなかで新商品や新事業が生まれていきます。

　このとき、自社の強み・弱みと、市場の機会・脅威を見極めて、そこからロジカルに考えて次の手を考えるというのは一つの発想です。日常業務の過程での「気づき」を拾い集めて改善のアイデアを出していくことは日系企業各社が得意とするところと思います。といっても、やみくもに思いついたことを実行していくだけでは、成功の可能性は高まらないので、企業の皆様は新商品の展開に先立って市場調査を行い、新事業を始める前には事業計画を練り上げます（中国では、失敗のコストが小さいからか、とにかく何でも実行してみるような文化もあるようです）。

　一方で、ロジックを積み上げていくなかでは、革新的な発想は得にくいという面もあります。そうすると、やはり皆が同じような事業を行って過当競争に巻き込まれていきますし、とりわけ中国ではそうです。経営者の方々が漠然ともっていて、し

かし明確には気づいていないアイデアや発想を実際の事業に結びつけていくには、きっかけが必要です。そのために診断士の先生方はさまざまなツールやフレームワークを活用します。ただ、そこまで手の込んだことをせずとも、中国ビジネスへの展開を考えるプロセスは、新たな着眼点や発想を得るのに有益であることがあります。本書でご紹介するとおり、中国ビジネスでは（日本での）常識を疑うということが求められるからです。

　たとえば、ごくシンプルな例として、事業者向けの業務用システムを提供していく事業を考えていたとします。それを日本と同じようにインターネット経由で提供して課金しようとすると、「付加価値電信業務許可証（増値電信業務許可証）」という特別の許可をとらなければならなくなります。この許可を外資系企業が取得することは一般的には非常に難度が高いことですから、中国現地で提携先を探すなどの苦労を伴いますし、収益の分配など厄介な問題を生じます。「日本と同じビジネスモデルを持ち込もう」という発想だけですと、そこから先にビジネスを進めることができなくなります。

　しかし、この業務用システムはだれでもインターネット経由で登録すれば使いこなせるというものではなくて、実際にはその使い方について企業のスタッフが説明して導入支援をしなければならず、効果的に活用するには運用サポートも継続的に必要だとすればどうでしょうか。このときには、わざわざ取得が非常に困難な許可をあえてとろうと四苦八苦せずとも、実際のスタッフによる導入支援や運用サポート業務の部分をコンサル

ティング業務として、その業務に対するコンサルティング・フィーを収益とすれば足りるということになります。さらに、業務用システムで収集・蓄積されたデータはそのままではあまり意味がないが、それを分析することで一定の有益な知見が得られるとした場合はどうでしょうか。この場合も、その分析のためのデータ処理業務の委託を受けてもよいですし、またはデータの提供を受けて分析した結果をもとにして有益な情報提供を行うということを業務にすることが考えられます。つまり、インターネットでの情報配信で直ちに課金するという必要はあまりなく、また、ノウハウを蓄積すればサービスの独自性を高めて差別化するということにも役立ちます。そうした検討を通じて、単に「インターネットで利用できて便利」という素朴な発想から、実はそれに限らず多様な価値が可能性として含まれているということに気づくことがあります。

このように、同じようなビジネスを行うとしても、そのビジネスのどの部分で収益を得ていこうとするのか、観点を少し変えれば新たなビジネスとして成り立つし、かつ発展性もあるという場面がありえます。日本と中国では法的制度が異なっているのですが、ある事業が顧客にもたらす「価値」は同じだとすれば、ビジネスの仕組みや方法自体は変わったとしても市場では受け入れられるものと思います。

もちろん、日本と中国では顧客側の認識とニーズが異なることがあるので、日本では「価値」があるものとして市場で受け入れられたとしても、中国で同様に「価値」が認められるかと

いうのは別論ではあります。しかし、中国ビジネスでの展開を考えるときには、日本と法的制度が違うからこそ、いまそこにある参入障壁や市場シェアなど、所与の条件にとらわれずに価値の源泉に気づくことができるきっかけにはなりますし、自社の既存のサービスの「強み」を認識するきっかけにもなり、そこから新たなビジネスの種になる発想も生まれるかもしれません。

　余談ですが、診断士の先生方の業務をみて感じることは、相談者に対して「答えを与える」仕事ではなく、相談者の「もっている力を引き出す」仕事だということです。各企業が潜在的にもっている日常業務の知見からの発想を「発掘する」、そのためのプロセスをお手伝いすることが大切だということが、診断士の先生方の業務をみているとよくわかります。

　実はこれは弁護士の仕事についても通じるものがあり、依頼者との打合せを経ていくなかで解決のための材料を見出す、そうしたことでよい解決につながることがあります。特にビジネスの場面では、弁護士が考えるビジネススキームがよいスキームだとは限りません。もしそうならすべての弁護士は経営者として成功するはずですが、実際そういった弁護士の先生は多くはないと思います。ですから、ビジネスに携わる方々は弁護士がもたらす情報や知識をふまえつつ、弁護士との会話を通じて新たな発想にたどり着いていただけるかどうかが大切だと感じています。私自身の経験でも、うまく進んだ案件というのは振り返ってみると、すべからく依頼者である企業の方々のもって

おられる意欲や発想に助けられたと感じます。そのような経験から、「視点」そのものが欠落してしまうことがないように、「聞かれたことに答える」のではなく、質問の意図・趣旨を理解して少し広めの観点から情報提供することも、私が弁護士業務のなかで普段から心がけていることの一つです。

4 政府機関との「関係」

　過去、法的制度が未整備であった頃は、中国は人治国家であり、ある事業が「できる、できない」は政府機関とのコネクションによると認識されていた時代がありました。これは一時期においてはたしかにそうであっただろうと思いますし、現在でもそのような面が存在しているところはあります。しかしながら、習近平政権が誕生し、反腐敗運動が推し進められて久しい現在では、行政機関が裁量権を行使することが腐敗の疑いを招くという認識が広がったこともあってか、政府機関に相談に行っても「とにかく法律に従って進めていただけば結構です」という対応が増えてきたように思います。

　そうはいっても、政府機関の方々はやはり法規制の実際の状況にも詳しく、相談先としてはいまでも頼りになる存在です。ストライキなどのトラブルが生じたときには、企業と従業員との間の仲裁役を果たしてくれることもありますし、なるべく継続的に政府機関の方々とコンタクトをとるようにしておくことは現在でも必要な活動といえます。

　しかし、一方で、政府機関の方に相談すれば何でも解決してくれるというわけでもなくなっていることは認識しておいたほうがよいと思います。

　なお、この観点でいうと、政府機関との橋渡しを担うコンサ

ルティング会社への依頼のしかたについても、少し配慮しておいたほうがよいということは起こってきています。これは私が経験した事例ではなく、報道された事例ですが、税関との問題でコンサルティング会社に数億円もの多額の報酬を支払ったことで、それが賄賂として利用されたのではないかという疑いをもたれてしまったというケースもあるようです。この事例では、関税等の申告・納税もれによって多額の罰金を科される懸念があったところ、成功報酬型の契約でコンサルティング会社を起用し、首尾よく罰金を科されることなく解決したのですが、結果がよすぎたのか、成功報酬が大きな額になってしまったことが一つの引き金になって、トラブル解決のためにコンサルティング会社経由で賄賂を渡したのではないかという問題になってしまいました。

　もちろん、金額だけではなく、コンサルティング会社の方が税関関係者であったとか、そもそもそのコンサルティング会社を起用するように促したのが税関職員自身であった、というような他の事情もあったのかもしれません。そのような他の事情もあわせて考える必要がありますが、賄賂を疑われてしまうよ

図表Ⅰ－1－5　賄賂の疑いを招いた一例

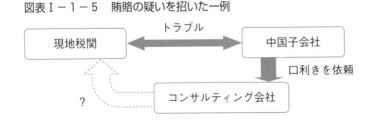

うな起用のしかたは避けなければならないという一つの教訓になる事例と思われます。

外国公務員への贈賄ということになりますと、中国国内はもちろんですが、日本でも不正競争防止法違反で逮捕されることになります。実際にそのような事例も発生しているところですから、中国では「関係」が大切といっても、昔とは少し違った意味での関係づくりを考えていかなければならないのでしょう。以前は、中国は貧しい国でしたから、電卓でもボールペンでも大変喜ばれたそうですが、いまはそれではあまり喜んでもらえないのでしょうから、喜んでもらうこと自体もなかなか大変です。

現地でのコネクションは大切ですが、賄賂の問題はここ数年敏感なテーマですから、さまざまな場面で気をつけておくに越したことはなかろうと思います。

第 2 章 マーケティング

1 中国市場での ポジショニング

　中国ビジネスを発展させていくとき、現地法人がある場合とない場合では、とりうる選択肢の幅が大きく異なります。

　まず、中国市場における日系企業のポジショニングをみると、以前は、技術力の面で日系企業の製品・サービスは明確に差別化され、価格競争に巻き込まれることなく中国市場においてもビジネス展開ができました。また、グローバルの市場に向けて出荷できる製品を提供できるなど生産規模を拡大しやすく、規模の面でも優位に立ちやすい状況でした。

　ところが、その後、中国の経済成長に伴って、中国国有企業が圧倒的に規模の大きな工場などを運営するようになり、規模の経済という観点では日系企業の優位性は縮小しました。また、技術力の面でも差が縮まったことから、差別化できる分野も徐々に縮小し、価格競争に巻き込まれてしまうという状況が生じました。そこにさらに、人件費をはじめとする各種コストが上昇したため、主に製造業を中心に中国から第三国に移転する企業も多くみられるようになりました。

　このように、中国市場におけるポジショニングとしては、モノの面では日系企業と中国企業との間の差が縮小してきました。技術が進展すればするほど革新的な技術を生み出すことはむずかしくなっていきますから、追いつかれないように差を広

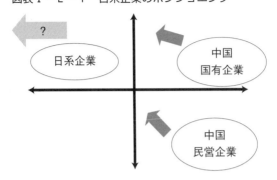

図表 I − 2 − 1　日系企業のポジショニング

げようと懸命に走り続けるだけでは限界があります。少し違っ
た発想が必要です。

　現在、中国の位置づけとしては、製造拠点としての魅力は以
前に比べると乏しくなり、市場としての側面が重視されるよう
になってきています。一時期話題になった「爆買い」のよう
に、日系企業の製品は相変わらず中国では安全・高品質の評価
を得ており、まだまだ中国市場での売上を伸ばすことができる
差別化要因を有しているように思われます。

　ただ、それだけでは勝ち続けることはむずかしいでしょう。

　日本企業は、日本国内の厳しい顧客の要求にマジメに向き合
い続けた結果、低価格で高品質な商品を世に送り出すことがで
きる素晴らしい能力を身につけました。ところが、その商品は
非常に長持ちしますし、なかなか陳腐化もしませんので、あま
り買い替えてもらうことができません。一方で、中国企業がつ
くっている商品はよくできたもので、法律上最低限の保証期間

が過ぎるか過ぎないかのタイミングでちょうど錆びついてしまう家屋の配管から始まり、何度か着ているうちにファスナーが壊れてしまう衣服、メモリ容量が小さすぎてOSの更新のたびに買い替えなければならないスマートフォン、大きな風雨のたびに修繕が必要になるマンションの外壁など、（意図的なのかどうかは判然としませんが）買い替え需要が喚起される仕組みがいつの間にか成り立っています。もちろん、買い替えられるほどの経済的余裕のない人向けには修理のサービスも街角でなんらの資格も問わずに多数提供されており、富裕層にも、それ以外の層にも、それなりの満足が提供されます。

このような、「均質でない需要者」を前提とする仕組みがあるマーケットに向き合うには、「一億総中流社会」から「格差社会」に移り変わりつつある日本のマーケットとは違った視点をもつべきなのだろうと感じます。その意味で、ターゲット顧客をどう想定するかは、日本のような需要者の均質性の高い市場とは違った重要性をもちます。

私なりの感覚的な意見ですが、日系企業のターゲット顧客を考えるときに大切なのは、日系企業の製品を好むような顧客は「高品質な商品」そのものを購入しているのではなく、「安心感」や「満足感」に対価を支払っているということです。工場で使われる機械設備でいえば、機械が故障して工場の操業が止まることが多い、加工精度にバラつきが大きく不良品が多い、そういった気苦労から解放されることです。消費者にあっても、よい物をより安くというだけのシンプルな軸ではなく、高

価なブランド品を求めるかわりに個性ある商品を求める傾向が報道などでもみられるようになっています。

　このような市場においては、単に日本でよい物をつくって送れば売れるというわけではなく、マーケティングが重要になってきます。マーケティングは単なる宣伝広告ではなく、市場に価値を認められ浸透していく活動ですが、付加価値を高めるためにはモノだけをみるのではなく、マーケットに近づくことが求められます。

2 自社の「強み」を 伸ばす

　企業の戦略を考えるうえでは、差別化によって単純な価格競争を回避することが求められます。とりわけ、中国では、北朝鮮国境付近の不動産投資がブームとなれば皆がそこに投資して不動産価格が急騰するなど、何か経済的に魅力あるテーマにはすぐに多数の企業や個人が集まってくる傾向があります。

　なにせ人口が日本の10倍以上であり、それが日本の３倍程度のGDPを奪い合うわけですから、どうしても競争は激しくなります。そのような市場では、日本以上に、多数の企業群のなかに埋もれてしまわない「個性」が必要になります。

　ただ、慌てて何か新製品を開発しよう、などと考える必要はありません。多くの企業はすでにマーケットで生き残っている以上、なんらかの差別化要因をすでにもっているものですから、そのような自社の「強み」を認識して伸ばすことを考えます。

　たとえば、価格面ではあえて競合他社に比べて高い価格を設定し、価格面での競争力を犠牲にしてでも、その分、独特な商品を開発して、専門性を生かしたマーケティングを行っていくことで、偏差値50近辺の最も人数の大きい需要者層を取り込むことはできずとも、コアな顧客を安定的に確保していく戦略です（図表Ⅰ－２－２参照）。

図表Ⅰ－2－2 「強み」を伸ばして個性に

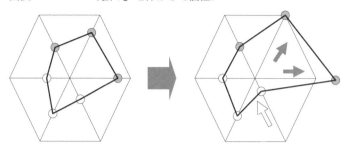

　私は24歳の時から弁護士の仕事をしておりますので、どうして
も、「悪いところを見つけて是正する」という発想になって
しまうのですが、自社の弱いところを補強して平均点がとれる
ようになっても、それでは「個性」のない丸い会社になるだけ
で、マーケットで選ばれる存在になることはできません。あえ
て弱いところに目をつむることも考えてよいことだと思いま
す。

　コンプライアンスはもちろん大切です。いくら弱みに目をつ
むるといっても、最低限のことはしなければなりません。しか
し、会社に十分な「強み」があり、無理なことや違法なことを
せずとも順調に業績が伸びていくならば、好んでコンプライア
ンスに反するような行為をする人はまれでしょう。

　ですから、会社の「強み」を伸ばすことも、コンプライアン
ス遵守のための根本的な対策の一つであろうと思います。そう
考えると、むしろ、得意なことをもっと伸ばしていくことに経
営資源を集中することが事業のうえでは適切であり、強く差別

化が求められる非均質的な市場である中国では、特にそうだろうと思われます。

コラム②

「転売ヤー」からみえる市場

ここ数年、中国の方々が日本に来て、Wechatなどのアプリを使って、中国現地で暮らす方々のために商品を購入して小包で送るビジネス（中国語で「代购」。代理購入）が大流行しました。このような代理購入をする「転売ヤー」のマージンや、国際郵送小包の費用などが上乗せされて、中国で購入する方々の手に届く時には倍以上の値段になることもあるのですが、それでも喜んで購入する人がいるので、そのようなビジネスが成立するわけです。

また、最近の話としては、とある人気のフィギュアを発売したところ、行列に並んでいた人たちの7割が中国人の方々だったというような報道もあります。この時、転売目的の人を排除しようと、ある店舗で「このフィギュアのキャラクターの名前をいってください」と聞いてみたことがあるようです。並んでいた中国の方々は「外国人差別だ」と怒っていたそうですが、そのうちには「転売すれば儲かるのに儲け損なった」ということで怒っていた人もいるのだろうと推測します（ちなみに、日本では、外国人であること「だけ」を理由として販売を拒否したり、そもそも入店を拒否したりすると、人格的名誉を傷つける不法行為と認定されて損害賠償が命じられる場合がありますので、その点には十分ご注意くだ

さい）。

　このように、転売によって多くの人が儲けようとしているのは、商売が好きな中国人の方々の特徴なのかもしれません。実際、私が中国に赴任していたときも、中国国内でも転売は盛んに行われており、病院の順番待ちの番号札まで売られているほどでした。

　ただ、その是非はともかくとして、転売によって値段が大幅に高くなってもその商品を買いたい人たちがいるということは、逆にいえば、もともとの販売価格の設定が低すぎるということではないかと考えることもできます。長く続くデフレによって、知らないうちに、日本の商品価格は外国の方々からみると相当「お買い得」になっていることがあるかもしれませんので、そのことを「転売ヤー」の方々は教えてくれているともいえるのではないでしょうか。

　労働生産性を高める必要性がよくいわれている昨今ですが、「喜んで買ってもらえる範囲で、なるべく高い価格を設定する」ことを考えるときに、このような「転売ヤー」の行動をみて適切な価格設定や中国市場への商品展開の参考にするといったことは考えていただいてよいことではないかと思います。

3 「強み」と マーケティング

　もし、ある企業の扱う商品・サービスの市場が、すでに日系企業が規模の経済性の面で優位にないとすると、大量生産・大量消費の画一的な商品では市場で認められることはむずかしくなりますが、一方で、日本は中小企業が多く、それらは大企業にない個性を発揮して、それぞれが個性・こだわりをもち（ほんもの力）、顧客と顔のみえる関係性を築き（きずな力）、双方向の情報交換からニーズにあった製品・サービスを提供していく力（コミュニケーション力）に優れています。

　「規格品」の「大量生産」において中国企業と正面から競い合ったのでは、アウェーである日系企業はどうしても不利になります。そうすると、少量多品種生産など、日本国内において中小企業が競争力を高めるために考えることが、現在の中国における日系企業では当てはまる場面があるように思っています。

　このような、日系企業ならではの「強み」を生かして、日系企業が中国市場に向き合うビジネスで成功を目指すならば、やはり顧客のニーズや要望をつかみやすいように、マーケットに近づいていくことは大切だと思います。

　たとえば、日本では顧客との間で頻繁に品質や技術に関する交流があるのに、中国にビジネス展開していくときには、販売

図表Ⅰ－2－3　中小企業のマーケティング

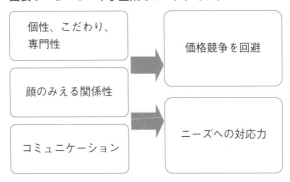

は代理店や商社に任せきりで、顧客の顔もわからないというような事例が多くみられます。これでは、顧客から常に（クレームも含めて）意見・要望を聞き、そのニーズを把握して商品・サービスを展開していくという日系企業の強みを生かしきることはむずかしいでしょう。

　日系企業の強みを生かすためには、やはり現地法人を置いて、より顧客の声に接しやすい体制をとることが有益であろうと考えます。

4 全体最適の実現

　商社や販売代理店に依存したビジネスモデルでは、グローバルの市場における戦略を中国市場でも十分に実現していくことも困難です。それは、中国企業（とりわけ民間企業）の場合、「信頼」を口にしつつも、実際には短期的利益のために機会主義的な行動をとることが多く、日系企業がより大きな視野でグローバルの戦略と連動した動きをとろうとしても、それと反した行動をとってしまうような、利害の不一致があるからです。

　たとえば、日本本社ではグローバル市場でのブランド価値を高めて、これを武器に中国市場への浸透と付加価値向上を図っているのに、販売代理店が短期的利益のためにコストを過剰に削減して、接客対応も店舗管理も悪く、ホコリをかぶった商品を店頭に並べたままにしている、しかもニセモノの粗悪品が売られていても排除のための措置をとらないといったケースです。これは、日本や第三国の市場でせっかく培ったブランド価値にタダ乗り（フリーライド）しているばかりか、情報が直ちに全世界に伝わる現在においては、中国以外の国でもブランド価値を毀損してしまうことになります。

　ブランド価値が維持されることで間接的に中国企業側も第三国の他の販売店も、全体が長期的に利益を得ていくことができることを説明して対応を依頼しようとしても、相手がそのよう

図表 I − 2 − 4　グローバル戦略と、現地の都合

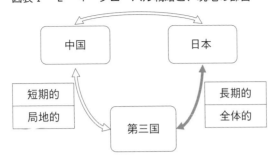

な長期的な視点で費用と労力を投じていくことに慣れていない場合には、そのような説得は非常に困難です。もちろん、話をすれば「わかった」といってくれるのですが、なかなか行動が伴ってこないのです。

　平時はそれでも調整しながら事業を発展させていくことができますし、自社１社だけで販路を切り開こうという無謀な挑戦をするよりは販売店の助力を得るほうが明らかに効率的なのですが、ひとたび市場環境の変化などによって得られる利益が縮小してきた場合、この利害対立は先鋭化することがあります。

　そのようなことを考えると、販売店の協力を得つつも、自社でも直営店をもって別の販売ルートをもっておくことや、販売店資格の更新審査の機会にグローバル戦略の観点からの意見交換を行うなど、独自のブランド戦略を貫徹していくための措置が必要です。そのとき、現地側に人員・拠点があるのとないのとでは、大きな違いがあるでしょう。

　また、中国では《反独占法》（日本の独占禁止法に相当）も制

定から10年を経て、その適用事例も多くなってきており、代理店を意のままに動かそうとすることはむずかしくなってきています。自社で現地側での販売ルートをもっておくことは、そういった変化に対応するためにも有益と思われます。

第 **3** 章 財務・会計

1 「継続企業の前提」

　日本にいる方々からみると、現地法人のよしあしを判断する根拠となるのは、まず売上高、次に利益率でしょう。これらは通常であれば年次または月次の決算情報を通じて把握されます。

　ただ、これらは企業が将来にわたって正常に経営を継続していくことを前提に作成されていますので（「企業継続の前提」といいます）、その前提が変わるときには、企業の姿を正しく反映しないところが出てきます。通常の会社の帳簿ですと、たとえば製造設備を2億円で購入すると、帳簿上では2億円の資産が計上されます。その後、これを使い続けると、減価償却されていき、徐々に帳簿上の資産としての計上額は減っていきます。ある時点で減価償却後の金額が1億円になっていたとしましょう。ところが、たとえば購入後何年かたってから急きょ、会社が廃業することになり、その製造設備を売却処分したとき、1,000万円にしかならなかったとします。このとき、帳簿上の金額がどうあれ、実際にお金になるのは1,000万円ですから、会社の資産としては1,000万円だけが残り、売却損が9,000万円発生することになります。

　もちろん、常に損失が発生するわけではなく、購入した土地がその後値上りした場合など、逆に帳簿上の価格よりも高く売

図表 I - 3 - 1　企業継続価値と、清算価値

企業継続価値　　　　　　　　　清算価値
（Going Concern Value）　　　　（Liquidation Value）

帳簿上の 資産総額 1億円

実際に処分 した価格 1,000万円

れることもあります。しかし、日系企業でモノづくりにこだわっておられる各社の場合、自社の製造方法にあわせてカスタマイズされた設備が他の人が使えないので買い手がつかず、スクラップになってしまうという憂き目をみることになります。これは部外者の私がみていても大変切ないことですが、感情面はさておき、会社の帳簿のうえでも大きな損失が生じることになります。

　よくある誤解は、「帳簿上の純資産が1,000万元くらいあるので、解散・清算のために従業員の退職金などの費用が100万元くらいかかっても、十分に投資回収はできるだろう」というようなものです。実際には、売掛金の回収不能損失や、在庫の売却損、設備の除却損などが生じてきますので、資産が4,500万元あると思っていても、実は1,000万元にもならず、解散・清算のための費用を自らまかなうことができなかった（日本からの資金支援が必要になった）という事態が起きます。設立以来、ずっと黒字をあげてきており、「孝行息子」であった現地法人が、いざその役割を終えて事業を終了しようとするときには巨

額の損失を出してしまうということになります。

　これまでキャストグループで多くの中国現地法人の解散・清算（いわゆる撤退）案件にかかわり、これに伴う従業員対応や取引先対応を現場でサポートしてきましたが、このような困ったことにならないように、解散・清算を決断する前には、現地法人の状況を把握し、シミュレーションしてみることをお勧めしています。

　やはり企業は継続してこそ価値があります。

　ですから、中国ビジネスに関して、現地法人がすでにある場合には、その現地法人をいかにして継続させるかが基本的な発想の出発点となります。

P／LよりもCFを重視

　このように、とにかく企業を存続させることを第一に考えると、企業の「血液」であるキャッシュフロー、資金繰りが回ることが最大の関心事となります。

　たとえば、子会社Aと子会社Bがあるとします。損益計算書（P／L）をみると、子会社Aは黒字ですが、子会社Bは赤字です。しかし、キャッシュフロー（CF）をみると、子会社Aはキャッシュがないので配当ができず、さらには日本からつど、資金を投入してあげなければ資金繰りが保てません。子会社Bは赤字ですがキャッシュはあり、赤字なので配当可能利益がないので配当はできないのですが、日本からの「仕送り」をせずとも自立して運営しています。

図表Ⅰ－3－2　P／L重視かCF重視か

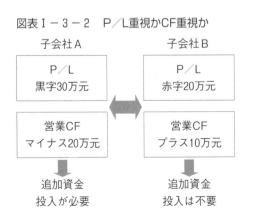

この2つの子会社、どちらが「孝行息子」なのかというのは、通常の場面ではどちらともいえません。子会社Aが追加資金を必要としているのは、それだけ事業拡大のための資金需要が大きく、将来的な発展余地が大きいからかもしれません。一方で、子会社Bは日本からの「仕送り」は必要ないわけですが、逆にいえば資金があってもそれを投入して収益につなげることができていないので、発展の機会を逃してしまっているのかもしれません。通常の場合、企業の価値は将来得られる利益を見込んで決まる面がありますから、いまは「仕送り」を受けていても将来的に大きな飛躍が期待できる子会社のほうが、結果的に親会社の企業価値を高めてくれる「孝行息子」だともいえるわけです。

　しかし、これはあくまで通常の場合であり、子会社を売却しようかと考えたときには、話がまったく変わってきます。

　いくら黒字であっても、日本本社からの資金支援を継続的に受けなければならないような現地法人は、「輸血」を続けているようなものであり、なんらかの病気を抱えているとみておくほうがよいでしょう。ずっとお金を燃やし続けないと運営できないような病気をもった会社を買おうという人は、あまりいません。キャッシュフローが軽視されていると、「黒字なのに現預金が不足しているので配当ができない」というようなことも起こります。その場合は、黒字といっても絵に描いた餅にすぎないということも理解しておくべきでしょう。その意味で、配当性向は低くても、毎年きちんと配当を送金させることは、現

地法人の管理のための習慣としておいたほうが安全でしょう。

　逆に、決算が赤字であったとしても、キャッシュフローが維持されているときには、現地法人は運営を続けることができ、キャッシュを生み出し続けることができます。このようにキャッシュを生む力がある会社は、仮に中国からの撤退を考えるときにも売却が容易です（逆に、その会社を買った人が継続的にキャッシュを「輸血」してあげないといけないような会社は売れないということを考えていただけば明らかであろうと思います）。

　ですから、現地法人が自立してキャッシュフローを維持できることは出口戦略を考えるうえでも大切だと考えています。

3 「正しい決算」か どうか

　日本側の連結決算に組み入れられ、決算発表時の売上・利益の貢献が事業計画上の目標となっていることから、まずは損益計算書（P／L）での利益を計上することを第一目標とする例もあるかもしれません。企業が多くの従業員の力を結集するには、目標をもち、計画を立ててこれを達成していくことは大切ですから、そのこと自体は必要なことです。

　しかし、これが行き過ぎると、①売掛金を回収できなくてもよいのでとにかく売る、②製造原価の配賦などを操作して経費を実際よりも小さくみせる、③価値のない資産でも価値があるものとしてもっておくといったような不適切な会計処理が行われ、決算書はだんだんと企業の実態から離れていくことになります。

　このように決算が実態から離れていくことを避けるためには、「キャッシュは嘘をつかない」という発想でキャッシュフローをよくみることが一つの方法です。

　それ以外に、貸借対照表（B／S）の変化をよくみることも「気づき」の方法になります。というのは、たとえば、売上の過大計上が行われた場合、複式簿記の仕組みから、バランスをとるためにB／S上の資産がその分ふくらむというように、B／S上に痕跡が残っていくことになるからです。図表Ⅰ－3－

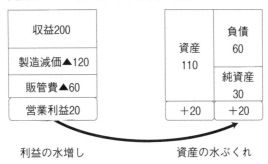

図表Ⅰ－3－3　B／Sの「水ぶくれ」

利益の水増し　　　　　　資産の水ぶくれ

3に示すように、ある年度で利益の水増しが行われると、それはその年度の決算をゆがめるだけではなく、資産の「水ぶくれ」になって貸借対照表にも残り、翌年度に繰り越されていきます。そうして、毎年の水増しが繰り返されると、徐々に「水ぶくれ」の程度がひどくなってきます。

　私が業務のなかで、現地法人の決算書をみせていただくようにお願いすると、日本側では明細のついていないB／S、P／Lしかおもちになっていないことがよくあります。月次のものだけでなく、年度決算でも明細すらない場合があります。これでは、いかに優秀な方であっても、違和感を抱くことは困難であろうと思います。

　なお、複数部門をもっている場合には、全体としてみれば些細な変化でも、部門ごとにみてみると不自然な資産の増加に気がつくことがあります。このようなときには、どのような単位に区切って会計の管理をするかということも大切になってきます。

4 解散・清算を伴わない撤退

　現地法人が永遠に存続し続けることができれば、それは最も理想的でしょうけれども、実際には経営環境・市場環境の変化や企業全体の戦略の変化などに応じて、出資を継続し続けることができない場面も出てきます。このとき、解散・清算すると、先ほどご紹介した「継続企業の前提」が崩れ、多額の損失を生じることになり、もったいない結果となります。

　そこで、私の場合、もし中国事業からの撤退を考える場面が訪れたとしても、できるだけ、会社としては存続させながら、出資持分を第三者に引き取ってもらうことを考えます。

　「いますぐに手を打たなければならない」という緊急性がある場合もありますが、時間さえかければ、せっかく育ててきた会社を解散・清算せずに残すことができる場合もあります。

　多くの場合、撤退を考える場面にある皆さんは会社を売却して儲けることは考えていないので、合弁会社の場合であれば中国側のパートナーに買い取ってもらうことができる場合も多いですし、現地の幹部従業員や取引先企業が事業を承継してくれる場合もあります。そうすると、気心が知れた、ずっと教育してきた信頼できる中国現地のスタッフが、従来どおりに会社を運営してくれることで、まったく知らない第三者とあらためて取引を始めようとするよりは格段に簡単で安全に、中国ビジネ

図表 I － 3 － 4　持分譲渡によるExit

・合弁パートナーへの譲渡
・現地取引先への事業承継
・現地経営陣によるMBO
・公開市場での売却　　　　など

スを継続し続けることに役立つ場合があります。

　このとき、一度にすべての出資関係をなくしてしまおうとするのではなく、名目的に一定割合の出資だけを残しておくことは、売却交渉を進めるうえで大きな材料になりえます（「どうしても、いますぐ、すべての出資持分を手放したい」という態度にみえてしまうと、なんらかの危険が潜んでおり、それを第三者に押し付けて母国に逃げ帰ろうとしているようにみえてしまいます）。

　業績が悪化してキャッシュの流出が続いている場合、まずは「出血を止める」ことを考えます。そうすることで延命して、売却先を探すなど撤退の方策を講じる時間を稼ぎます。

　それでもキャッシュを注ぎ込み続けることができない場合には、「休眠」という選択もありえます。完全に休眠させるのではなく、部分的に休眠させることも考えられます。教科書的にいえば、中国では休眠会社は認められないとなりがちですが、多くの中国企業が工場の操業を停止しても解散・清算に至らず存続している状況をみても、「休眠」は現実的な選択肢です。もちろん、休眠すればすべてが解決するわけではなく、休眠さ

せるにも工夫が必要なことがありますが、「生かすか閉めるか」という極端な結論だけでなく、その間には時間軸の観点を含めてさまざまな対応があるということは頭に置いておいていただければと思います。

　日本側が100％出資子会社またはマジョリティを占める合弁会社である場合、現地法人の経営そのものが親会社に大きく依存してしまっており、出資者が変わると事業活動が継続できないという場合もあります。

　たとえば、①営業CFがマイナスで、親会社からの借入れが多い財務体質、②日本からの仕入れに依存した商品展開、③日本からの出向者への業務依存、④開発はもっぱら日本で行い、開発ノウハウの蓄積がない。そういった、カネ、モノ、ヒト、情報という各要素に分けて、親会社に依存している部分を拾い上げてみます。そうすると、①営業CFを黒字化するためのリストラ策、②日本からの安定供給確保、③管理面での現地化の推進、④開発機能の一部現地化といったように、「売れる会社」にしていくための対策を講じることができます。「わが社と同等の人的・物的支援ができる会社」しか買い手になれないような状況では、持分を売却してExitするのは非常に困難ですので、だれでも運営できるように運営を改めることで買い手をつきやすくして、結果的に企業そのものが生き残れるようにする発想です。

　この観点でも、先ほど述べたとおり、一括ですべての持分を手放そうとするのではなく、一部の持分を保有し続けて、買い

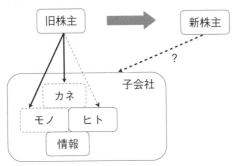

図表Ⅰ－3－5　親会社への依存要素

　手となる新たな出資者への「引継期間」を設けることは有益ですので、ぜひ、考えてみていただきたいところです。

　親会社から資金・取引・技術などの面で支援を受けられることは、日常経営の場面では現地法人の「強み」ですが、一方、これらの支援がなければ自立・独立して運営できないという弱みにもなります。普段から、親会社に依存している部分を認識しておき、「強み」として積極的に活用しつつも、自立を目指すことを考えて現地法人を運営いただくことは、いざというときに親会社も現地法人も助けることになります。

5 自社の子会社の ことを知る

　私が日本に戻り、中国事業に携わる企業の方々からの依頼を受けて相談対応や案件対応を行っていくなかで、「日本本社にいらっしゃる方々は、意外なほどに中国現地法人のことをご存じない」と驚くことがあります。

　取引先が急に破綻したとか、外部の第三者に予期せぬ事態が発生することで問題が生じるのはビジネスの常ですのでやむをえないのですが、私が中国現地に赴任していた時には、自社内で起こっていることに気づかずに問題が生じることも多くありました。たとえば、何年も前から決算期末に売上が大幅に増えた後、年が明けると今度は返品が大きく増えるというような傾向がみられており、しかも年々その金額も大きくなっているのに、売上高が実態と乖離しているのにだれも気づかなかったということがあります。なにせ過去からずっと続いているものですからだれも違和感をもつことができなかったとしても不思議はないのですが、気づいた時には販売できない在庫が大量に工場のスペースを埋めているか、または帳簿上はあるはずの大量の在庫が実際には影もかたちも見当たらないという事態が起きます。

　私は上海、北京と長く中国に赴任しておりましたので、現地法人の経営に携わる日本からの駐在員の方々とも現場で一緒に

仕事をさせていただく多くの機会がありました。どの方をみても、懸命に日々の業務に取り組みつつ、しかも熱心に細かく日本本社への報告を欠かさず行っておられました。それでも、本当に意外なほどに、日本からは中国の現地の状況がみえていないところがあるように思われます。

　日本にいらっしゃる方々から現地法人の実際の姿がみえやすいようにすることは、中国ビジネスを事故なく進めていただくために非常に大切なことと思います。そのために便利な道具がいまは昔に比べて格段に整ってきていますので、この点はおってご紹介しようと思います。

第 II 部

契約・交渉

第 1 章 契約締結の後が正念場

中国ビジネスに法務の面から取り組んでいると、日本と中国では本当に「契約」に関する理解・考え方が異なっているのだなあ、と感じる場面が多々あります。

　このような理解・考え方のギャップがトラブルの原因となっていることも多くみられますので、中国企業と取引を行おうとするときには、このギャップがあることを認識しておいて、なるべくそのギャップが実際のトラブルにつながることがないように気をつけておくことは役に立つと思います。

1 履行の過程こそ 大切に

　私が会社にいた時に経験して驚き、10年たって日本に戻ってもなお状況があまり変わっていないことにまた驚いたことですが、日本では、「契約を締結できた」ことに満足してしまって、締結された契約書がキャビネットの奥深くにしまい込まれており、その後は何年もだれもみていないということが往々にして起こります。トラブルが発生した後に慌ててファイルから契約書が「発掘」されるという景色です（もっとも、契約書の「原本」は、キャビネットの奥深くに眠っていても問題ありません。必要なのは内容をみることですから、PCのなかに電子ファイルで入っていれば、最もよく目的を達することができます）。

　契約交渉や契約締結の段階では、日系企業では稟議決裁のプロセスがありますから、そこで法務部などの法務担当部門がチェックするのが普通です。そして、訴訟になった後は、法律事務所に依頼するのが普通です。この２つの段階では、法律のことがわかった人の目を通っているので、大きな事故は起きにくいです。

　しかし、契約が締結された後、訴訟にまで至ってしまうまでの間には、トラブルが発生してからそれを解決しようとする交渉などのプロセスがあります。この部分は、稟議決裁という仕組みからはもれてしまうことがあります。

図表Ⅱ－1－1　訴訟に至る道のり

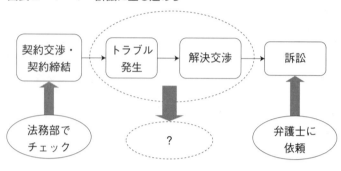

　契約は「これから行う取引に関する約束ごと」ですから、契約書は締結した後、取引に関するさまざまな場面で「契約にはどう書いてあっただろうか」と、つど読み返していただくというのが本来の用法です。神社の御札やお守りはもっているだけでご利益がありますが、契約書は残念ながらそうではありません。

　私も会社の法務部に所属していましたので、長く困難な契約交渉を経て、ようやく合意に達し、社内説明を重ねて稟議決裁を通って契約締結に至った後は、自分の職責を果たした満足感で「終わった」という錯覚が生じることは実感として非常によくわかります。そうしてキャビネットに入った契約書は、その後、トラブルが起こって再度ご相談があるまでは取り出されず、契約の履行過程（つまりビジネスの進捗）まで目が行き届かないというのは致し方ない部分があると思います。しかし、そもそもよく考えてみると、それほどの知恵と労力を投じて契

約書を作成したのは、ひとえにビジネスが成功することを願ってのことですから、本当はその行く末に関与しきれないことは残念なことでもあります。

　私が会社にいた頃、上司からはよく「事業部の方とは日頃から交流を密にすること」「機会があれば必ず事業部に足を運んで会話すること」が大切だといわれました。そうしているうちに、雑談であっても、その後のビジネスが順調に進んでいるかどうかということを知ることができることもありました。何より、自分がした仕事が結果としてなんらかの商品やビジネスを後押しして世に送り出したところまで知ることができるのは、気分がよいものです。ですので、よい指導を受けていたのだなとあらためて感謝しているところです。

　いま、法律事務所で仕事をするようになり、会社の方々が実際にトラブルに見舞われ、弁護士の助力を求めざるをえない状況で駆け込んでこられるようなケースでは、当事者の方々はよく「契約する時に、もっとちゃんと考えておけばよかった」とおっしゃいます。同じことをおっしゃる弁護士の先生もいらっしゃるかもしれません。しかし、私の経験した限りでは、契約したこと自体が失敗だった（その後どのような行動をとろうがトラブルは不可避だった）という事例はごくまれです。

　訴訟に至るケースでも、①そのまま判決での決着となるケース、②提訴前の交渉で解決するケース、③提訴した後に和解ができるケースなど、解決までにはさまざまなルートがあるのですが、いつでもこれらが選択できるわけではありません。弁護

士として事件の依頼を受ける時点では、もはや当事者間での交渉はしつくされており、むしろその交渉に時間をかけ過ぎた結果、キズが広がり過ぎて、双方とも引けなくなってしまっている場合もあります。時期が早ければ早いほど、解決のための選択肢は広がることが多いです。

たとえば、工場で使われるユーティリティ（蒸気、ガスなど）の供給について、仮に以下のような場面を考えてみます。

> 購入者「工場が安定的に操業できるよう、365日24時間の供給を保証してほしい」

> 供給者「そのためには工場内にプラントを設置する必要がある。その投資費用を回収するため、一定期間は購入し続けてほしい。中途解約は不可」

このような両者の協議を経て、「10年間は双方ともユーティリティの供給・購入を継続すること」という契約を結びました。工場の操業確保のため、供給数量が一定の幅をもって決められ、価格はその時の市場価格に応じて変動させることになっていました。

ところが、その後7年がたった頃、工場の操業に関する環境規制が厳しくなり、工場の生産量が制限されるようになりました。この生産量では採算があわないことから、工場は操業を停止しました。このとき、購入者（工場）側は「これは政策変更による不可抗力だから、契約違反にはならない」と考えて、ユーティリティの供給に関する契約も解約の通知をしました。しかし、供給者側は「工場の操業が禁じられたわけではなく、

図表Ⅱ−1−2　解決までの分岐

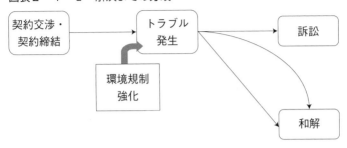

採算の問題は貴社の都合にすぎない。契約違反であるから賠償
を求める」と反論しました。

　このとき、「契約する時に、もっとちゃんと考えておけばよ
かった」というのは正しいのでしょうか。たとえば7年後に環
境規制が厳しくなることは予見できたとしても、せいぜい「環
境規制により工場が操業停止したときは、契約は終了する」と
書くことができる程度でしょう。さらに詳しく「直接的に操業
が停止されずとも、採算悪化等の理由で操業停止する場合も含
む」とまで書いておけばよいかもしれませんが、それでは、あ
まりにも購入者側に都合がよすぎて、供給者側の負うリスクが
大きすぎ、そもそも契約締結ができない状態となるでしょう。
それでは事業そのものが始まらず、本末転倒になります。

　また、環境規制により採算が悪化したのに工場の操業を続け
ることも、工場が操業停止したのにユーティリティを購入し続
けることも、やはり不合理な行動になりますから、これらもト
ラブルの原因とはいえません。この事例でいえば、それぞれの

段階で関係者が最善手を打ち続けたとしても、やはりトラブルの発生は避けられなかった、ともいえます。

　もっとも、この事例では「解約通知」を出したことは、一方的に契約を破棄したという証拠を残してしまっているわけですから、その点は訴訟で争うときには不利な証拠が残ってしまっているということになります。トラブル発生から訴訟前の解決の過程では、いざ訴訟になったら何が有利で何が不利かという観点を含めて行動すべきです。一方が「訴訟になれば必ず勝つ」と認識している場合、交渉での解決は困難ですから、訴訟での有利・不利を考えて行動することは交渉による解決を成功させるためにも大切です。

　上記の事例では、環境規制の情報をいち早く把握していれば、それに備えた事業計画と対応プランを準備することができ、そもそもトラブルが生じることはなかった、といえます。このように、情報は時に値千金の価値をもつことがあります。

　といっても、「何年か先にこういう規制が始まる」という情報が中国現地法人からもたらされたとき、その意味と生じる影響を正確に理解することはなかなか困難です。現地の駐在員は早くから情報を察知して報告していたのに、日本側にとっては晴天の霹靂のようにとらえられてしまうことも多いです。また、現地の駐在員の方々でも、情報は得ることができても、それが企業経営のうえでどのような意味をもつのかまでは見通せない場合もあります。どの情報が重要かを選別することは実は意外にむずかしいものですので、「わからないのでとりあえず

置いておく」にならないようにお気をつけいただくべきかと思います。

コラム③

「見積無料」にはご注意

　中国で事業活動をしている方々は本当に「商才に長けて」いらっしゃいますので、われわれのような日本のビジネス環境で育った人間からすると、時に驚くようなことが起きます。

　たとえば、ある中国現地法人で、排水処理設備が故障してしまったことがありました。排水処理ができなくなると困りますので、とりあえず応急処置はしたものの、それだけでは安定的に環境基準を満たすことができないので、続けて本格的な工事をしようと業者に見積りを依頼しました。ところが、思ったよりも高額な見積りが提示されてきたことと、工場の生産状況に変動が生じる見込みが出てきたために、しばらくようすをみることにして、本格的な工事は実施せずにいました。見積りを依頼した業者からは「先日の見積りの工事ですが、いつ実施しますか」という問合せが来ていましたが、現地法人ではそのつど、「検討中」と答えていました。

　そうしたところ、ある日、その業者から、「貴社の工場は、適切な排水処理工事を実施しないまま環境基準を満たさない排水を行っており、法令違反であるから政府の環境保護部門に通報する」という連絡が来ました。その現地法人に赴任していた日本人駐在員の方は、まさかそのようなことが起

こるとは思っていなかったため、大変驚いておられました
が、よく考えてみると、長期的信用を大切にする日本企業で
はそのようなことはありえない（「悪評が立ってだれも見積
依頼をしなくなると困る」と考える）けれども、その日その
日だけを考えて懸命に生きている中国企業からみれば当然
（とにかく目の前の引合いを受注に結びつけることだけを考
える）ということがよく現れた一場面であったと思います。

　ほかにも、日本の方々は「見積無料」に慣れ過ぎてしまっ
ていると感じることが多くあります。見積りにも業者はそれ
なりの労力をかけているわけですから、必ずその労力分の対
価を回収しようと動いてくることは当然のことですので、無
料だからと気楽に見積りを依頼する前に少し立ち止まって考
えてみていただくことをお勧めします。

　余談ですが、外国に旅行する方々は、常々、「知り合いで
もないのにニコニコして近づいてくる人は、詐欺師か『ぼっ
たくり』と思え」という話を聞かれていると思います。中国
ではビジネスであっても同様のことがいえます。日本の方
は、笑顔で接してくれる人がいると、ついその見た目で「日
本の考え方や文化を理解してくれている人だ」と勘違いして
しまう傾向があるように思えます。しかし、「スマイル0
円」はハンバーガーショップだけと思って、笑顔で人を信用
しない、言動や行動を見極めることが大切になるのが中国だ
と思います。

「契約」を破る自由

　「契約を破る自由」というのは、私が大学生であった頃に学んだ言葉で、アメリカの契約法が日本と異なる特徴として紹介されていることが多いようですが、中国ビジネスにかかわっていると、ビジネス習慣のなかでごく当然のように中国企業においても実践されているように思えます。

　たとえば、ある物を100元で売買する契約をしたとして、その後、納入期日になる前に市場価格が急騰して200元になったとします。そのような場合、売主側としては200元で別の人に売り渡したほうが得ですので、200元で売ってしまいます。「100元で売る契約のほうを一方的に破棄して違約金を払ったとしても、200元で売れたほうが得だ」と考えるからです。

　それならそれで、「ほかにもっと高く買ってくれる人がいたから、そちらに売った」と説明してもらえば理解もできるので

図表Ⅱ－1－3　契約を破るほうが得

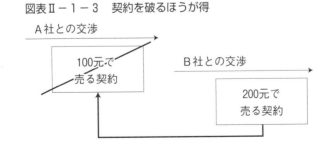

すが、厄介なことに、「メーカーの都合で遅れている」とか「契約に書かれていない費用が発生したので負担を協議させてほしい」とか別の理由をつけて納入を遅らせます。「市場の影響で調達手配が遅れているので、調達でき次第納入する」と納期の無期限順延だけ通知して、そのまま放置されることもあります。違約金すら払うのがもったいないから、あちらからキャンセルしてくれるのを待とうという発想なのでしょう。

　これは「約束だから守るのが当たり前」という日本でのビジネスの常識からは理解しにくいですし、さらに、相手に本当の理由を告げないあたり、とても不誠実なことなのですが、経済的には優れています。私も、心から「中国のビジネスで生きている人たちは、本当に商売上手だなあ」と感心してしまうことがあります。そして、「なぜ約束を守るのだろうか」と考え、約束を守るかどうかはペナルティの重さによって決まるところ、日本のように長期にわたり信用を築きあげていく文化が形成されていないときには約束を守ろうとするインセンティブが小さい、だから契約違反のペナルティを重くしておかなければ安心できないということが経験としてわかってきます。

　このことについて、よい悪い、好き嫌いで判断することは自由なのですが、それをいっても状況は変わりませんので、対策としては「そういうことがある」という想定をしておくことになります。たとえば原材料の仕入れですと、待てど暮らせど、納期を何度も延期しても納入されないこともありえます。「信じて待とう」などといっていても「人を信頼するよい人だ」と

称賛されることはありませんし、（表面的にみえるほどには）感謝されることもありません。早めにキャンセルして別のルートから調達するとか、最初から複数のサプライヤーから多めに調達しておくといった対応が必要です。これはとても非効率なことですが、理解しておけば対策も打てます。

　また、これは債権回収・与信管理のセミナーでよくお話することですが、取引が続いているときには支払を多少遅れながらでもしてくれるのに、いざ次の取引がない状況になると、途端に支払が止まるというのは中国ではよくあることです。これは、取引が継続しているときは「この代金を支払わないと、次の仕入れができない」という考えから支払をしているところ、「次の仕入れ」がなくなれば代金を支払う意味がなくなるからです。営業担当者も苦労していて、「これまでの代金を一部でも払ってもらわないと、次の受注も納品もできませんよ」と説明してはじめて、どうにか遅れながらでも代金が入ってくるので、どんどん売掛金は増える一方で減ることがないというのが日常的な景色になっています。

　商材を提供してくれるビジネスパートナーであるときは支払をしてくれますが、いざ商材を提供する関係がなくなり代金を取り立てるだけの人になると、そんな人に支払をすることに意味はない（それなら、その分のお金を別の商売や投資に充てたほうがよい）と考える。これは非常に経済合理性のある発想であろうと思います。

　このような発想を理解しておかないと、いくら分厚い契約書

を一生懸命に交渉してつくってもトラブルは避けられないことになりますから、日本とは全然違う目線が必要になる場面として一つ覚えておいていただければと思います。

コラム④

少し渋めの顔で

　私が中国に赴任して間もない頃は、中国で買い物をした後に「ありがとう」といってはならない、と中国人の方から助言されました。理由は、当時の中国の方々は、買い物をした人が「ありがとう」といって微笑んでいると、「安く売り過ぎてしまったのではないか」「釣銭を多く渡してしまったのではないか」というように思ってしまうからだということでした。私は関西の人間ですので、お店で買い物をするとき「ありがとう」というのは普通の習慣なので、これはいまでもあまり慣れません。

　ただ、それ以来、契約交渉などでは必ず、内心では満足していても「苦渋の決断ですが、致し方ないですね」という渋い顔をしています。そうすると、おおむね交渉相手である中国の方々は「よい合意ができた」と満足するようで、その後はそれをほごにせずに約束を守ってくれる傾向があるように感じています。

　契約は結べればよいというものではなく、その後に合意した内容を実行してもらうことのほうが大切です。合意ができた時に喜んだようすをみせてしまうと、交渉相手が中国の方々である場合はどうやら「損をした」と感じられてしまう

ようで、その後、事あるごとに契約内容の見直しを求めたり、なんとか契約をほごにしようとしたりすることがあります。そうなってしまっては、せっかく苦労して合意に至っても意味がありません。将来に向けた最後の一工夫として、「合意する時は少し渋めの顔で」ということを覚えておいていただければと思います。

第 **2** 章　内容よりも、「だれと」契約するか

日本でも同じなのですが、同じ取引形態で、同じ取引条件で、契約書式もまったく同じものを使っていたとしても、ある会社との取引はうまくいき、別のある会社との取引はうまくいかないということがあります。

　たとえば、A社、B社との取引はいずれも同じ契約書式が使われており、「輸送および加工過程における製品不具合は当社は責任を負わない」という条項があるとします。A社向けの製品の取引は順調であり、A社からの支払も大きな遅延もありません。一方で、B社向けの製品の取引はクレームが多く、当社側からも人的支援がたびたび必要となり、B社からの支払も遅れがちになっています。

　中国は地方によって商習慣も考え方もかなり差があり、日本のような共通の常識や習慣が中国国内でも形成されていないようですから、「だれと」契約するかということが非常に大切になります（極端ですが、泥棒や詐欺師といくら緻密で分厚い契約をつくって「リスクヘッジしました」と思っていても、そもそも相手

図表Ⅱ－2－1　契約は同じでも

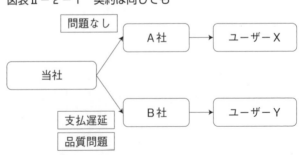

は最初から契約を守るつもりなどないわけなので、自己満足にすぎ

ないことになってしまいます）。

　そこで、取引相手について最低限みておくべき情報について

ご紹介しておきます。

1 国家企業信用情報公示システム

　まず、最近になって日系企業の方々もしっかりご覧になるようになった情報として、「国家企業信用情報公示システム（国家企業信用信息公示系统）」があります。日本の商業登記簿謄本のようなもので、その会社が現実に存在しているのか、代表者はだれなのかということを確認できます。インターネットで、だれでも、登録手続不要で利用できますし、無料です。日本からでも閲覧できますので、非常に便利です。

　中国においても、有限責任会社および株式有限会社を設立、変更、終了するときは、工商行政管理局（いわゆる工商局。現在は市場監督管理部門に統合）において登記がなされます。そして、その登記事項は、会社の名称、住所、法定代表者の氏名といったものだけでなく、日本とは違って、会社の出資者（株式有限会社であれば、発起人）の氏名や名称といった情報も含まれています。

　ただ、ここに記載されている情報は、基本的には各会社が自主的に政府機関に報告した内容であり、審査を経たものではないため、正確性は保証されません。また、財務情報は基本的に公表されていないので、これも別途、各会社から提供を受けるか、信用調査会社などを経由して取得する必要があります。

図表Ⅱ－2－2　公示システム画面

2 中国執行情報公開ネット

　こちらはあまり知られていませんが、裁判所での強制執行手続で債務者として財産の差押えなどを受けている個人や企業を検索することもできるサイトがあります。「中国執行情報公開ネット（中国执行信息公开网）」です。同じくインターネットで、だれでも、登録手続不要で利用できますし、無料です。

　すでに強制執行を受けており、信用を喪失している個人や企業も検索できます。一般にはブラックリストといわれていますが、名称としては「信用喪失被執行人名簿」といいます。中国では、新幹線のなかでタバコを吸うとブラックリストに載って新幹線に乗れなくなるという話もありますし、行政処罰を受けるとブラックリストに載って公共工事や政府調達の受注資格を失うという話もあります。ブラックリストといってもさまざまありますので、何のリストなのかをみていただくことは忘れないでください。

　取引開始時のほか、定期的な取引先の与信評価にあたっても確認しておくことは有益でしょう。実際に、中国現地法人の方が最初にご相談にいらした時に、会社名を聞いて検索してみたところ、すでに何年も前から多数の差押えを受けていることが判明したというような場合もあります。

　このような会社と取引しても、契約を正常に履行してもらえ

図表Ⅱ-2-3　執行情報検索画面

ることは期待しがたいですから、最初から取引相手の選択を間違っていたということになります。

　誤解しないようにしていただきたいのは、「ブラックリストにない＝債務不履行がない」ということではありません。ブラックリストに載るのは、単に強制執行を受けているだけではなく、強制執行妨害など悪質な行為がある場合に限られますから、強制執行を受けているがブラックリストに載っていないということは非常によくあります。

　なお、このWebサイトでは個人についても検索することができ、羽振りがよさそうにみえていた取引先のオーナーが実はすでに所有不動産について銀行からの差押えを受けていたとい

うことがわかるような例もあります。もっとも、中国は同姓同名の方が非常に多いですから、氏名を入力して検索しても、同じ氏名の人が多数、検索結果に表示されます。そこで、個人を特定するためには、身分証番号を知っておく必要があります。

3 中国の個人の身分証

　中国の身分証は、個人ごとに重複のない識別番号（身分証番号）が記載されており、これによって個人を特定することができます。身分証番号は、18桁の数字で構成されており、このうちの7〜14桁の部分が生年月日（たとえば、この部分が「19890813」ですと、1989年8月13日生まれということがわかります）になっています。

　住所や氏名では個人を特定することができないので、契約書でも氏名・連絡先住所だけでなく身分証番号を記載します。登記申請など政府機関の手続でも必ず記入します。

　身分証番号は、ほかにも、飛行機や高速鉄道の予約・発券にも使いますし、ホテルの予約にも使いますし、日本のマイナンバーと違って生活のあらゆる場面で使われます。日本では運転免許証や健康保険証など身分証明書の写しを悪用して消費者金

図表Ⅱ－2－4　中国の身分証

融で他人になりすましてお金を借りてしまうなどの問題もあり、「マイナンバーは敏感な個人情報だから、管理も負担なので受け取りたくない」「身分証の写しを要求するなんて失礼では」という抵抗感を抱く方もいらっしゃるかもしれませんが、中国では部屋を借りるときでも身分証の写しを添付するくらいですから、ビジネスの場面では当然、本人確認として提示を求めるべきでしょう。

コラム⑤

RFP（見積依頼書）が大切

　中国では本当に多くの業者がしのぎを削っており、特に工場や設備といった固定資産を必要としないサービス業では似たような仕事をしている会社が多数あるものですから、どの業者に発注すればよいのかわからないという場面はよくあります。このような場面で、業者選びに失敗しないための留意点として、「RFPはとても大切」というお話をさせていただくことが多いです。

　「RFP（Request for Proposal。見積依頼書）」というのは、IT業界でよく使われる言葉ですが、ベンダーやシステムの発注をするときに、どのベンダーやシステムを選ぶかを決めるために、自社の要件にあった最適な提案をもらうために作成してベンダーに提供するものです。対比するとわかりやすいと思うのですが、その前段階にあるのが「RFI（Request for Information）」です。ベンダーがどのような製品やサー

ビスを保有しているかを聞いておくもので、ベンダーはそれに対してカタログやパンフレットを提供して自社の製品やサービスを紹介します。

　RFIの段階では、「こういうことがしたい」と打診して、「それなら、こういうシステムがありますよ」と自由に提案してもらいます。一方、RFPを出す段階では、必ず守ってもらわないといけない事項を明確に書いて出します。

　サービス業の取引では、とりわけ、このRFPが重要なのですが、実際に見積依頼をなさっている状況をみると、RFIのような漠然とした、たとえば理髪店で「普通に切ってください」というようなかたちで出されていることが往々にしてみられます。

　サービスには、ものづくりと比較して、①無形性（目にみえるかたちがない）、②非均一性（提供する人によるバラつきがある）、③消滅性（保存・在庫できない）、④同時性（提供と消費が同時）といった特徴があります。このうち、中国では特に②「非均一性」が大きいですから、「普通」が存在していないということに留意して、当たり前のことを書き並べておかなければなりません。たとえば、医療機器の認可取得についてコンサルティング会社に見積依頼するときに、自社が日本で展開している製品がすでにあり、それについての治験結果やマニュアル等があり、しかしそれが中国の国家基準や業界基準の要求を満たしているかどうかわからないとします。この場合、見積依頼で「中国の国家基準や業界基準への適合性をチェックしてください」と書いておかなければなりません。後で申請するときに「中国の各種基準に適合しています」という書面を自社で作成・提出するよう求められて、「そんなことは当然、あなたにお願いしている業務の範

囲でしょう」といっても後の祭りです。

　「当たり前のこと」を書き並べるというのは、実は意外と
むずかしい作業なのですが、ここで間違ってしまうと、妙な
業者を引き当ててしまうということがありますので、「RFP
はとても大切」ということを覚えておいていただければと思
います。

第 **3** 章 予測の幅を広くしておく

よくいわれることですが、中国をみるときに「平均値」をみて、「中国だからこうだろう」という発想で中国の人や企業とかかわろうとすると、イメージを間違っているがゆえに、想定外のトラブルにあうことになります。日本の10倍以上の人口ですから、本当にいろんな人たちがいます。統計の言葉でいうと「分散」が大きいということです。

　ですから、中国共通の「常識」というのも眉唾もので、「常識」とみえても実は日本ほど当然のことでもないということがよくあります。しかし、そうはいっても、日本との比較では、中国はそもそもの制度が違うので、相当高い確率で相手の「常識」が自分と違うということが起こります。そこで、「いろいろな人がいるので一概にはいえない」とはいいつつも、やはりある程度、「常識が違うのだな」と感じることが多いポイントをご紹介しておくことはビジネスに取り組んでいただくうえで有益だと思いますので、いくつか取り上げてご紹介しておきたいと思います。

支払期限に関する「常識」

　中国企業とのビジネスでは、互いの「常識」が違うことが原因でトラブルになることがあります。そう申し上げると、教科書的には、「国や文化が違う企業同士が、認識のギャップを埋めるためにつくるのが契約書だから、契約書にすべてを書いておけばよい」ということをおっしゃる方がいらっしゃるかもしれませんが、そう単純ではありません。

　たとえば、中国の国有企業を顧客として取引をするときには、商品を納入しても代金が（何年も）支払われないことが、比較的頻繁に生じます。中国では、政策や予算の都合によって地下鉄建設や高速道路建設のようなプロジェクトにみられるようにプロジェクトの進捗が何年も遅れることがありますが、これらは建設資材を納入するサプライヤーへの支払遅延にほぼそのままつながります。「支払は来年度予算の成立まで待つよう

図表Ⅱ－3－1　支払に関する「常識」

国有企業	a　政府から予算がおりれば支払う。 b　次の取引をしてくれるのであれば、前の分を支払おう。
民間企業	A　顧客からの入金があれば支払う。 B　契約は「原則」を示すもので、柔軟に変更すべきだ。

に」といわれ、次の年には「今年も予算がつかなかった」といわれることは普通です。そして、サプライヤーが強く支払を催促したり、遅延利息を請求したりすると、次回からはそのサプライヤーは事実上取引から外されてしまうので、支払遅延がそのまま放置されるようです。そして、「この注文を引き受けてくれるなら、前の分を払いますよ」と誘われ、長期未収を解決するために新たな（より大きな）売掛金を抱えていくことになります。

　そのような支払遅延に慣れていない日本企業の方々からすると、「それと契約は別問題でしょう」と感じますし、中国の法律上もそのような事情は支払遅延の理由にならないのですが、実態としてそうなっています。

　日本は建設業界も自動車業界も、そしてIT業界でも多重下請構造が多くみられる産業構造であり、サプライヤーが倒産すると資材が入らなくなって生産活動に支障が生じます。「下請法」による中小企業保護もありますし、手形の不渡り制度もあります。ですから、そのような支払遅延の連鎖は普通生じにくいのですが、中国の国有企業を相手とする取引では、逆に支払遅延が連鎖する状況が普通だということです（中国の購買担当者は支払を延ばせば延ばすほど人事評価が高くなるという話がよく聞かれますが、私はM&AのDDなどの場面で中国企業内部の規程をみる機会があっても、実際にそのような評価基準を目にした経験はありません。「利息のつかない金なら借りておくほうが得」というきわめて資本主義的な損得計算から、なるべく支払を遅らせるとい

う目標設定がなされていても不思議ではありませんが、それが直接的な原因というわけではなさそうに思います）。

そうすると、取引を行うときには、顧客の先にいる顧客、さらに最終ユーザーまで見通して、そこに政府調達のプロジェクトがあれば、支払遅延は最初から覚悟して取引しなければならないということになります。日本は調達金利が低いのでまだよいですが、現地法人が資金調達を行っているときには中国国内での銀行借入利率は高いですから、これはかなりの業績下押しのインパクトがあります。

また、民間企業の場合でも、今度はそもそも「契約」について必ず守らなければならないという意識が乏しく、「契約はあくまで原則にすぎず、状況によって当事者が協議して柔軟に変更するべきだ」「われわれは『合作』を行っているパートナーだから、リスクも分担すべきだ」ということをいいます（中国では「取引」をいう場面で「合作（合作）」という用語を使うことが多く、これは日本語にいう「提携」に近いイメージですので、このような用語の使い方からも商取引に対する考え方の違いが感じられます）。

言葉として「一緒にwin-winで成功し、発展していきましょう」といわれれば、Noという日本企業の方はいないはずですが、その仲間意識は支払に関する甘えと表裏一体になっているということかもしれません。

これらの常識の不一致について、契約書に書き表すことは非常に困難です。たとえば「公共工事の予算がどうであれ」「銀

行融資や顧客からの入金がどうであれ」必ず支払期限は遵守することと、そういった条項を契約書に記載すれば、問題は解決するでしょうか。

それは相手のもつ「常識」を否定する挑戦ですから、そのように常識に隔たりのある会社とは取引できないという感情的反発を招くかもしれず、実際に受注を獲得しようとする場面では現実的にはむずかしそうです。また、仮にそのような契約条項を明記することに成功したとしても、「契約を守る」ことについての意識そのものが違いますから、やはり絵に描いた餅になってしまうことが考えられます。

ですから、ストレートに「常識」の部分を「こちらの常識にあわせてほしい」と記載することは解決策になりづらく、遅延利息を高くしておいて支払遅延による損失を避けることや、一定期間の遅延があった場合には担保提供を求める条項を置いておくことなど、契約書では、間接的な方法により対処することが実務的な対応となります。

このように、契約書ですべてを解決しようとすることは困難ですから、支払遅延をあらかじめ織り込んだ価格設定をする（つまり金利負担分をあらかじめ織り込んでおく）、支払遅延があった場合の供給停止など対抗手段を考慮しておくという契約外の措置もあわせて考慮しておくことが望ましいでしょう。

2 似て非なる印鑑文化

　中国と日本では、その他にもビジネスに関してさまざまな常識の違いを感じることがありますので、いくつかご紹介しておきます。まずは「印鑑」のお話です。

　日本では、会社の印鑑は社印であれ代表印であれ、基本的には社外への持出しは禁じられているのが通常です。銀行に行くときでさえ、逆に銀行の方がわざわざ会社に来られて印鑑を押すほどです。一方で、中国では、政府機関に行くときも、銀行に行くときも、印鑑は社外に持ち出すことが普通です。日本から現地に赴任されて間もない方々は、「これでは何に印鑑を押されているかわからない」と驚かれることが多いのではないかと思います。しかし、それが習慣として定着しているので、「郷に入れば郷に従え」ということになっています。

　日本の方々は、そのように印鑑が気軽に社外に持ち出されていること、それも代表者や幹部従業員だけでなく財務担当のアシスタントなどでも一人で毎日のように持ち出していることをご存じないかもしれません。決して、印鑑管理がずさんなのではなく、あらがいがたい現地の習慣があるのです。

　また、中国には「印鑑登録証明書」の制度がありません。ですから、押捺された印鑑が本当に取引先企業の印鑑なのかどうかを確認するすべがありません。実際に、てっきり取引先の会

社の印鑑が契約書に押されていると思い込んでいたところ、実は取引先の従業員が勝手につくったまったく別の印鑑であったということもありました（当然、「当社はこのような契約は知りません」といわれてしまうことになります）。

　中国では会社の印鑑は公安局に登録されています。そして、印鑑の作成も廃棄も、許可証を取得した印鑑業者にしか認められていません。ですから、正式な会社の印鑑（「公印（公章）」といいます）は存在しており、その他に「発票専用印（発票専用章）」「財務専用印（財務専用章）」「代表者印（人名章）」などが登録されています。しかし、その登録された印鑑との照合を可能にする印鑑登録証明書は発行されません。

　このような状況ですから、印鑑をめぐるトラブルは日本に比べて頻繁にみられます。これについて、私が現地法人の方々に

図表Ⅱ－3－2　印鑑の効力

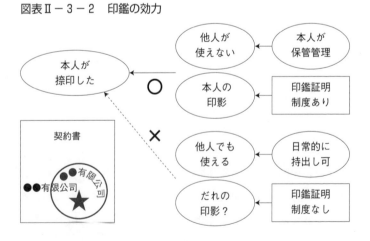

ご提案していた方法で、実際に私自身が実践していた方法がありますので、ここでご紹介します。

(i)　まず、自社の印鑑については、持ち出してもかまわないが、捺印するときには必ず捺印した横に自らの簡単なサインを入れる。つまり、印鑑だけが単独で押捺されることがないようにサインを添えて、だれが押捺したかわかるようにする（この方法で、政府機関でも銀行でも何かいわれたことはまれですが、やむをえず印鑑単独で押捺する場合は、スマートフォンで写真を撮影することにしていました）。

(ii)　取引先の印鑑については、ささやかでも外部の方々を招いて「調印式」を行う。それができない場合、印鑑の真偽を判別できるように、取引の最初にどの印鑑が取引に用いられる印鑑かを確認できる資料を何か取得する（印鑑作成時の「印影保存カード（印鉴留存卡）」や、銀行届出の写しなど）。

　中国企業の方は「調印式」を好まれますが、これは単なるセレモニーではなく、立会人が多数いるなかで代表者自らが署名して捺印することで、正しい印鑑と署名であることを確認しようという意味合いがあるのだろうと考えています（多数の立会人がいることで「知らなかった」とはいえないようにする、この仕組みは結婚式と同じかもしれません）。

　実際には、現地法人の業務は非常に忙しいですから、そこまで細かいことに気を配る暇はないことが多いですが、一つの方法としてご参考になればと思います。

　ちなみに、中国では印鑑が偽造されづらいように、必ず印鑑

と署名や文字が重なるように押捺します。印鑑だけが文字にかからない白地に単独で押捺されて、浮いた状態になっていることは、あまり見かけません（日本の「捨印」など論外ということです）。

　そのほかに、割印のしかたが日本と中国で違いますので、日本式の割印ですと中国の政府機関や銀行では受け付けてもらえないことがあるなど、印鑑をめぐっては戸惑うことも多いですので、現地に赴任なさる方々はあらかじめ知っておいていただければと思います。

第 **4** 章 グループ企業間契約

1 目的も用途も異なる

　最後に、中国現地法人と日本本社、または他のグループ企業間で契約を結ぶ場合について、通常の取引先と締結する契約とは目的も用途もまったく違います。

　契約書の書き方についての書籍は世の中に多数ありますが、それらは基本的にすべて、第三者との契約についてのものです。グループ企業間の契約ではそれとはまったく違う観点が必要であるにもかかわらず、そのことについての教科書があまり見当たらないように思えます。中国での契約書の役割を知るのにも役立ちますので、ここで少し触れます。

　一般に第三者と締結する契約書は、当事者間の守るべき約束事を明記して、互いにそれを守ることで紛争を予防しようとす

図表Ⅱ－4－1　契約の役割比較

第三者との契約	グループ企業間契約
目的： ・法的紛争の予防。 用途： ・**当事者間**での確認。 ・**訴訟・仲裁**で証拠として提出。	目的： ・社内会計処理の根拠。 ・政府等外部向け説明。 用途： ・**社内会計部門**に提出。 ・**政府機関**に説明資料として提出。

るものです。また、うっかり約束を忘れ、または忘れられてしまわないように、口頭ではなく書面のかたちで残しておいて、契約を履行するときに認識共有するためのものでもあります。そのような目的で作成された契約書は、契約の履行時に「約束ではこうでしたよね」と共通認識を確認するためのツールとして使われ、また、万一の紛争の際には、裁判所や仲裁機関に証拠として提出するのが主たる用途です。

　一方で、グループ企業間で締結する契約は、グループ企業間の取引について、社内での会計処理の根拠となり、また、政府機関等の第三者向けの説明の根拠となります。お金には名前がついていないので、銀行の入出金の記録だけをみていても何のお金なのかわかりません。そこで、契約書で取引の性質を説明しておくことで、契約書が何のお金なのかの説明書の役割を果たすということです。用途としては、社内の会計監査を経て決算を作成するときに、仕訳や計上の根拠として会計事務所や監査法人に提示します。

　また、外貨送金のときに何のお金なのかを説明する資料として銀行に提出したり、税務局から税務調査を受けたときに税務申告の根拠となる会計処理が正しいことを説明するために提出したりします。特に、中国では国境を跨ぐ資金決済の管理が日本よりも厳しく、マネーロンダリングでないことはもちろん、どのような取引に関する決済なのかを証明できないと海外への送金自体が許されないことが現在でもありますので、このような送金に関するトラブルを避けるために契約書が果たす役割は

大きいといえます。

貿易通関と
関税納付の場面で

　同じ金額のお金を中国と日本との間で決済するときでも、その性質によって課税のされ方は変わります。わかりやすい例として設備を中国に輸入することを考えます。

　中国のA社が新しく生産ラインを拡充することになり、日本のB社から設備を購入し、その使い方を日本のC社が中国現地で指導するという場面を考えてみます。

　このとき、中国のA社が、日本のB社とC社に対して支払をするには、

① 日本のB社には設備代金を、日本のC社には技術指導料を

図表Ⅱ－4－2　契約設計による差異

それぞれ支払う

②　日本のB社に対して、全額を一括して支払ってしまい、そのなかから日本のB社が日本国内でC社に対して技術指導料を支払う

という2つの支払決済の方法がありえます。

　日本の方々からすると、「どちらでも同じなので、海外送金が1回ですむ②の方法がよいのではないか。海外送金は手間がかかるし、送金手数料も安くないし」というような発想をもたれることも多いでしょう。

　しかし、関税の観点でいうと、この両者は差が出ます。B社に支払う設備輸入代金は輸入関税の対象ですが、C社に対して支払う技術指導料はサービスであり輸入通関がないので、普通の場合ですと輸入関税を納付せずに支払だけを行います（※）。

（※）　ただし、詳細は割愛しますが、もしC社の行う技術指導がB社の設備と関連性があり、C社の技術指導がないとそもそもB社の設備を輸入しても意味がないようなケースでは、C社に支払う技術指導料を含めた金額で中国への輸入通関申告を行い、その金額に従って税金を支払うことが正しい場合があります。

　技術指導料込みの金額でB社に送金をしようとするならば、通関申告価格も技術指導料込みの金額にしておくことになるでしょう。送金額が通関申告価格よりも大きいときには「関税を安くするために、通関申告価格を過少申告したのでは」という疑いを税関からかけられることになるからです。

このような、取引の実際の状況に応じて納税すべき金額が変わってくるような場面で、契約書はその取引について説明する主要な資料になりますので、税金のことを考慮して作成しておくべきということになります。

3 税務調査の場面で

　もう一つ、問題になりやすい例として、日本と中国の税務当局間での税の取り合いになる場面でも、契約書が取引の合理性を説明するための資料として使われます。

　たとえば、日本本社が中国子会社のために、技術者を何度も派遣して現地で生産技術の指導を行い、また、日本側で多くの人件費など開発費用を投じて中国で製造される製品の設計を行っていたとします。このとき、日本側ではこれらの経費分だけ課税所得が減少することになる一方で、中国子会社側では費用を費やさずに利益を得ることになり、中国子会社側の課税所得は増えます。そうすると、日本の国税当局としては、利益が中国子会社に不当に移転しているという疑いをもち、法人税を追徴課税することを考えます。

　ここで、技術指導料をあえて収受しないことについてなんらかの根拠があり、それを契約書に記載しているときには、その契約書をもとにして取引の合理性を説明することができますが（たとえば、中国子会社の製品は全量を日本本社で買い取るので、技術指導はもっぱら日本本社が自らのために行うものである等）、何も契約書がないときには証拠がないので疑いを晴らすすべがなく困ってしまうことになります。

　こういった問題は、中国子会社がまだ立ち上げ期にあって赤

図表Ⅱ－4－3　費用をとらないことも問題

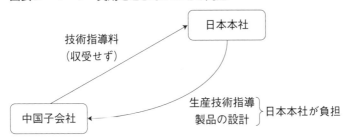

字であるときには生じませんが、いざ中国子会社が順調に利益
を出すようになったときに浮上してくることになります。その
意味では「何年も同じようにやっているから大丈夫」というも
のではなく、時期と状況によって問題になったりならなかった
りするという厄介なところがあります（私がこれまで仕事をし
てきたなかでも、監査法人から書類不備の指摘を受けた、または税
務署の税務調査で指摘を受けたということで中国現地法人との契約
書をつくることになったことは少なくありません）。

4 契約書の書き方一つで 送金トラブルに

　中国では人民元の国際化を進めてきており、2015年には国際通貨基金（IMF）が中国の人民元をSDR構成通貨に組み入れることを決定し、人民元は米ドル、ユーロ、日本円、ポンドに次ぐ「国際通貨」となりました。いわゆるクロスボーダー人民元（海外にある人民元（※））による中国国内への送金や、その逆の中国国内から他国向けのクロスボーダー決済についても、広く用いられるようになっています。

> （※）　中国国内の人民元が「CNY」と略記されるのに対して、「CNH」と略記されます。同じ人民元ではあるものの、海外からの資金流入であるため、外貨に準じた管理の対象となっています。

　しかしながら、中国の外貨管理は徐々に簡素化されてきているとはいえ、なお日本や香港のように自由に外貨決済ができるようにはなっていません。現在でも、たとえば中国にいる個人が海外の不動産を買うために送金をしようとしても無理であり、そのためにわざわざ日本に会社をつくっていたり、「生活費」など実態と異なる名目で送金したり、私は経験したことがありませんが仮想通貨で送金したり、そういったような工夫（？）をこらしているようです。

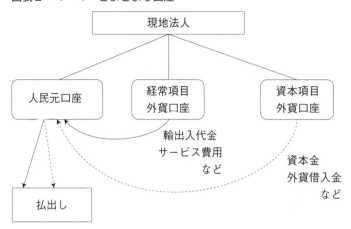

図表Ⅱ－4－4　さまざまな口座

現地法人

人民元口座　　経常項目外貨口座　　資本項目外貨口座

輸出入代金
サービス費用
など

資本金
外貨借入金
など

払出し

　中国で現地法人が銀行口座をもつときも、外貨口座と人民元口座は別々です。そして、外貨口座はさらに経常項目（貨物貿易、サービス貿易など）と資本項目（投融資など）に分かれ、それぞれ両替や出金に関する条件が異なります。

　たとえば、従来は、中国国内の会社から出資して中国国内で孫会社をもとうとしても、その時資本項目の口座にある資金は使うことができない（経営範囲に「投資」などが含まれている場合を除きます）などの不便な運用がありました。

　このような外貨管理に関する仕組みのもと、銀行は決済の真実性と適法性を審査することとなっており、そのために契約書の提出がいちいち必要になるという、日本とは異なった運用になっています。

　もちろん、何でも契約書をつくっておけばよいというわけで

もありません。本当は立替金の精算だけを別にしたいのに、それでは納税が生じず、納税証明書がないから送金できないので（金額によりますが）、サービス対価を実費込みで設定して全額につき税金を払ったうえで送金するというようなこともあります。ですので、なかなか複雑ですが、裁判や仲裁になることが想定されないグループ企業間の取引でも、契約書はそれなりに果たす役割があり、とりわけ政府機関による管理が厳しい中国ではその役割が実際に必要になる場面が多いということはいえようかと思います。

第 **III** 部

企業・取引制度

第 1 章 外資系企業に関する制度

次に、中国における企業と取引に関する制度や理解が、日本と異なっている部分について取り上げます。

　中国現地法人をすでにもっているかまたはこれから設立予定である場合は、現地法人は中国でビジネスを行うためのVehicle（乗り物）ですから、アクセルとブレーキを踏み間違えないように操作方法を理解しておかないと事故が起こります。この乗り物の運転操作には教習所がありませんし免許試験場もありません。中国現地法人の運営管理に関する書籍は多数ありますので、ここでは日本と制度が異なっていることで事故につながりやすいと思われる点だけを取り上げてご紹介します。

1 設立・変更に関する規制

　以前は、中国は外資系企業の設立や変更（増資など）について、個別に事前認可を求める制度でしたので、中国に現地法人をもつことはハードルが高いことでした。しかし、2016年10月からは、一部の制限業種リスト（ネガティブリスト）に該当しない限り、原則として届出をもって足りることとなりました。

　届出を行う政府機関についても、以前はまずプロジェクト立件（発展改革委員会と各業種主管部門、さらに土地や建設などの各行政部門）の事前審査、その後に会社設立に関する商務部門（昔の「外経貿」です）の認可を経て、ようやく工商局で営業許可証の発行を受けることができ、そこからさらに銀行口座の開設や税関・税務局などの登記手続を経るといった、さまざまな政府機関にわたる多数の手続が必要でした。しかも、規模拡張やそのための増資など、事業活動の変更のときにも認可を得る必要がありました。そのため、各地方の商務部門で外資誘致を担当する部署は、企業と各政府機関をつなぐパイプの役割を果たしてくれるきわめて重要な政府機関でした。さらに、設立・変更の手続以外の場面でも（たとえば災害やストライキなど）、せっかく誘致した外資系企業の事業活動になるべく影響が生じないように調整するなど、進出した企業にとっては頼りになる窓口でした。

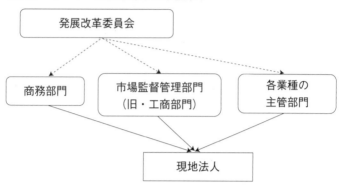

図表Ⅲ－1－1　各政府機関と現地法人

発展改革委員会

商務部門

市場監督管理部門
（旧・工商部門）

各業種の
主管部門

現地法人

　しかし、現在では規制緩和が進み、認可が取り消されて届出で足りることとなった以外に、政府機関での手続のための申請窓口を統合することや、オンラインでの申請が可能な部分を増やすことなど、かなり便利になっています（私が北京で事務所をつくった時には、私自身がさまざまな政府機関を一つひとつ訪問して手続をしていましたが、その頃に比べると、5年で随分と進んだ感があります）。

　また、ネガティブリストについても、徐々に制限業種が減る方向で調整されています。以前は、「外商投資産業指導目録」という目録により、業種ごとに奨励類・制限類・禁止類という分類（いずれにも該当しない場合は許可類）が設けられ、それぞれにつき投資の条件や受けられる外資優遇政策が異なっていましたが、このうち、制限がある部分については、上記のとおり「ネガティブリスト」に分離されています。

図表Ⅲ－1－2　2つのネガティブリスト

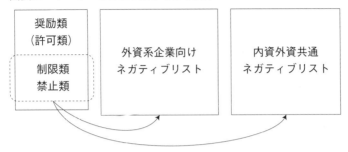

　ただ、気をつけなければならないこととして、内資企業であっても特別の許可証を取得しなければ経営できない、または禁止されている事業（たとえばテーマパークやゴルフ場の建設など）については、この外資系企業向けの「ネガティブリスト」には記載されていません。したがって、外資系企業の場合には、外資系企業向けのリストと、内資外資共通のリスト、2つのリストをみて、予定する事業が制限・禁止の範囲に該当しないかどうかを確認する必要があります。

　とはいえ、以前は外商投資産業指導目録のほかに、各種業法さらには現地特有の規制を検討しなければならなかったこと（しかも相互に整合しないこともよくありました）に比べれば、格段に中国進出はしやすくなったといえます。

コラム⑥

申請は午後3時以降に

　いまでは行政上の手続については簡素化が進み、また手続のマニュアル（指南）もインターネット上で公開されている場合が多くなってきましたが、私が中国に赴任した上海万博の頃は「窓口担当者によっていうことが違う」というのは日常茶飯事でした。いまでも地方によってはそのような風習が残っています（具体的な地名をあげるのは、業務に支障がありえるため差し控えますが）。たとえば投資候補地が複数ある場合は、そのような状況も考慮してご相談に対応しています。統計データがあるわけではないため、あくまでも私自身の「独断と偏見」によるもので、なかなかご説明には苦労しますが、少なくとも過去にひどい目にあった地方については明確に「お勧めしません」と申し上げています。

　ところで、私自身が何度か窓口に行った経験から発見したのは、実は「担当者によって」違うだけではなくて、「時間帯によって」対応が違うということです。北京にいた時は、よく日本から来られた駐在員の方々にも申し上げていましたが、「政府機関に申請に行くなら午後遅めの時間、午後3時か4時がよい」です。時間が遅すぎると「明日、出直してください」と門前払いされる可能性があるので、そのリスクは覚悟する必要があるのですが、この時間に行くとおおむね、早く仕事を終えたい気持ちからか、淡泊で事務的に応対してもらえるので妙なところで引っかからずにすみます。その反対に、朝一番とか、午後一番に行くと、なんのかんのと指摘を受けて「出直してきてください」といわれてしまうことが

多かった印象があります。

　なお、いまは変わったかもしれませんが、以前は政府機関の窓口では、金曜の午後は基本的に「お休みモード」で、申請の受付は事実上していないことがありました。つまり、金曜の場合だけは夕方に行っても相当高確率で無駄足になりました。ですので、「ただし、金曜日は除く」も忘れずにあわせてセットで覚えておいていただければと思います。

2 合弁会社には 「離婚危機」も

　2019年3月15日に《外商投資法》が成立し、2020年1月1日から、従来の外資系企業に関する基本的な法律であったいわゆる「外資三法」（外資企業法、中外合資経営企業法、中外合作経営企業法）が廃止されることになりました。

　従来、中国の《会社法》と「外資三法」では制度設計が異なる部分があったため、会社の性質によって意思決定機関が違うなど複雑な状況になっていましたが、今後は《会社法》に基づく統一的でわかりやすい制度になっていくことが期待されます。

　具体的にどのように変わっていくのかについては、今後、制定・公布される各種法令を待つ必要がありますが、新たに中国ビジネスに取り組まれる方々にとっては難解な状況が解消され、わかりやすくなることが期待されます。

　ちなみに、若干マニアックな話題ですが、現状では、中外合弁企業の重要事項（定款変更や資本変動など）は董事会での全会一致決議が必要です。これに対して、《会社法》では、定款に別途の定めがない限り、株主会において、全会一致ではなく議決権の3分の2以上の特別決議となっています。ですので、これまではあまり出資比率は問題にならず、基本的には出資者全員の同意が必要だったのですが、今後は出資比率が3分の2

図表Ⅲ－1－3　外資三法廃止

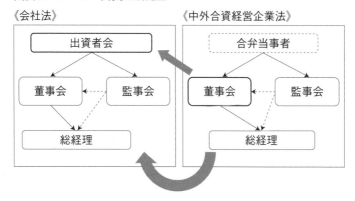

《会社法》　　　　　　　　　　　《中外合資経営企業法》

（マイノリティの場合は3分の1）を確保できるかどうかが重要となり、さらに、合弁契約に基づき定款で決議事項ごとの決議要件を明記することが必要になるものと見込まれます。

　現在すでにある中外合弁企業については、5年間の過渡期が設けられていますが、これまであまり定款の決議事項について注意を払っていなかった場合には、思いがけず自社の同意なく中国側パートナーに一方的に決議されてしまった、そういうことも起こりうることになります。ですから、この過渡期の5年間の間に、株主間のルールである合弁契約を見直して、《外商投資法》に適合するように修正しなければならないのですが、これはずっと一緒に暮らしてきた夫婦が家計に関するルールを変えようとすることに似ていますので、新しいルールが合意できない場合、「私たち、お別れしましょう」となることが予想されます。円満で互いに何の不満もない夫婦であれば、そのこ

とだけで離婚には至るはずもありませんが、実は密かにパートナーに不満をもっていた場合には、ここぞとばかりに自らの権益拡大を主張することが考えられ、新しいルールが合意できない場合もありえます。

そうすると、5年後の決裂を織り込んだ事業運営も考えなければなりません。たとえば、離婚を考えている夫婦が新たに35年ローンで住宅を購入することがないように、この5年間は新たな工場設立や生産ライン拡張といった大規模な投資は差し控えるべきという考え方になるでしょう。これまでは合弁会社が「夫婦共通の財布」であったところ、なるべく自由を確保するために、それぞれ自らの完全子会社のほうにビジネスを移していくような行動も考えられ、少なくとも日系企業の側も自社のビジネスにとって必要不可欠な新商品や新規サービス展開の部分は、合弁会社の事業には入れずに、完全子会社を使って展開していくように考えを改める必要が出てきます。

また、これまでは基本的にはすべての事項について董事会の全会一致決議が必要であり、政府機関や金融機関に董事会決議を提出するときも（法律・定款上の全会一致決議事項か否かにかかわらず）董事全員の署名がそろっていないと受理してもらえないことすらあったので、これまた夫婦と同じように必然的に会話をして合意形成を図らなければ物事が進まないことがありました。しかし、今後は会話がないまま、パートナーがいきなり定款に基づいた「多数決の暴力」を振りかざしてくる可能性も出てきますので、そのような場合には一方的に離婚ができる

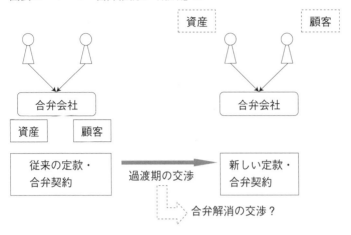

図表Ⅲ－1－4　合弁継続か「離婚」か

ように備えておくことも考える必要があります。

　これだけでも気が滅入る話ではありますが、さらに困るの
は、「5年ギリギリの交渉期間がある」とはいえないことで
す。もし「離婚」となれば合弁解消のためにどちらかが第三者
に持分譲渡をして家を出るか、どちらかが相手方の持分を買い
取るか、または合弁会社そのものを解散して資産を売却する
か、いずれかの選択が必要になります。

　持分譲渡の場合は当然、譲渡先を探すことや価格交渉が必要
になります。合弁会社を解散する場合でも合弁会社の事業や資
産をどちらの出資者が引き取るかという綱引きが待っていま
す。離婚の場合にいちばん激しい争いになるのは、夫婦の夢と
希望である子の親権をどちらがもつかということですが、合弁
会社の「離婚」の場合もシビアな交渉が生じます。

ですから、「わが社の合弁会社は順調で、パートナーとも友好的な関係があるから大丈夫」と思っている会社の方々こそ、《外商投資法》改正による既存の合弁会社の組織変更に関する細則が出るのを待って直ちに、この法改正に基づく新たなルールづくりの会話を始めるのがよろしいでしょう。特に、多くの合弁会社は、合弁会社を設立した時と現在では出資者同士の力関係も変化しているはずです。最初は資金や技術を求めて日本企業からの投資を諸手をあげて歓迎していたパートナーも、いまや資金は足り、技術もすでに取り込んで、日本企業がいなくなっても大丈夫と考えているかもしれませんので、この機会に、「うちの夫婦は大丈夫だろうか」と考えてみていただくことはぜひお勧めしておきます。

企業国有資産譲渡

　中国の国有企業は、中央または地方政府の国有資産監督管理委員会が出資して設立・運営されているため、その資本は国有資産となります。そして、その資本を活用して形成された資産（たとえば国有企業が保有している土地使用権や建物など）についても、やはり国有資産です。

　これらは全人民の共有財産であるわけですから、一部の者（たとえば国有企業の幹部）が自らの親族・知人に対してその財産を安い価格で売り渡すとか、古くなったので廃棄するという名目のもと、無償でだれかに渡してしまうといったことがあり

図表Ⅲ－1－5　二重のハードル

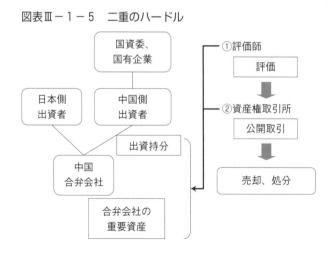

ますと、全人民から預かった資産が不当に流出してしまうことになります。

そこで、これらの国有資産については、売却・処分のときには国有資産監督管理委員会の定めるルールに基づいて承認を得なければなりません。日本の会社における稟議決裁のようなものです。

このとき、①資格のある評価師が資産評価を行い、作成された評価書に定める金額を基準として、②公開の資産権取引所において公開取引（売却情報を公示し、より高い価格を提示した者に売り渡す）の手続を経なければなりません。このような2段階のハードルを設けることで、国有資産の流出を防止する仕組みになっています。

出資持分の売却はもとより、合弁会社の資金が足りないので所有不動産を売却しようとする場合などについても、重要な資産の場合には同様に2段階の手続を経ることを求められることがあります。M&Aや企業再編の場面で、スケジュールが長引く要因にもなりますので、国有企業との合弁会社は不自由であるということを覚えておいていただければと思います。

4 不確実性の所在と対策

　ほかにも、中国ではさまざまな手続を行うときに、思いがけないところで手続ができないということが起こります。

　たとえば、合弁会社に利益が出たので、日中双方の出資者に配当をするとします。現在では規制緩和も進みルールも明確化されてきたので、単純な配当送金の手続で支障が生じることはあまりなくなりましたが、たとえば、12月31日で一つの決算期が過ぎた後（中国では会社の決算期が1月1日から12月31日の暦年ベースで統一されています）、3月に会計監査を経て決算が確定し、5月に董事会で決算承認とともに配当を決議したとします。ところが、この1月から5月までの間に、出資者や出資比率に変動が生じたとすると、外貨送金に支障が生じることがあります。

　というのは、外貨送金のときには、法律で認める範囲以上の外貨が中国国外に流出しないように、出資比率に見合った配当になっているかどうかを登記情報と照合して審査するので、12月末時点の出資比率で配当したいのにそれが登記情報とあわない、そのようなことが起こるからです。あらかじめそのような可能性がわかっていればよいのですが、特に意識していなかった場合には、中国側の出資者にはもうすでに全額配当したのに、日本側にだけ配当ができないという困ったことが起こりま

す。

　ちなみに、このような配当をめぐるトラブルは比較的よく見かけるものですが、原因はどこにあるのでしょうか。私の理解では、日本の会社の方々は「中国のことは中国側パートナーがわかるはず」と思い込んでいるところ、中国側パートナーは海外に配当を送金した経験などないですから、認識と実際にズレがあります。これもある面では思い込みが原因で起こるトラブルの一例といえるでしょう。上記のような複雑なケースは、まれですし、ある意味しかたないかと思うのですが、一方、「配当ができない」というトラブルの相談があって、原因をよく探ってみると、そもそも送金手続のために銀行にもっていくべき配当決議がない、またその前提となる監査報告書がない、そういった初歩的な必要書類の抜けもれが原因であったという事例もあります。

　「中国は外貨管理が厳しい」「だから先に外貨送金ができるか確認してから配当を実行しよう」という程度の知識と発想があ

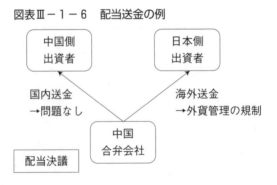

図表Ⅲ－1－6　配当送金の例

れば、このような支障が起こることは必要な書類を整備してお
くなどの方法で回避できるわけです。また、何年も配当してい
ないうちに制度が変わってしまうこともあるので、めんどうで
も毎年、配当をして送金できるかどうか確認しておくなど、そ
れなりの備えもできます（配当の場面に限らず、送金額が大きい
ほど審査が厳しくなりますので、こまめに送金しておく習慣をつけ
ておくことは有用です）。

　この配当の事例は一例にすぎませんが、こういった少しの不
確実性が認識できるかどうかによって、予定していたとおりの
処理ができるかどうかに差が出てくることがあるので、気をつ
けておいたほうがよいと思います。

第 **2** 章 中国企業のよしあし

1 資産ではなく「資格」でみる

　次に、会社をめぐる制度そのものではなく、企業価値という観点から考えてみます。

　タイトルは「資格」としましたが、ここでいう「資格」というのは法律上の行政許可（なんらかの許可証）のことではなく、取引相手として認められるかどうか、入札業者リストやサプライヤーリストに入れるかどうかということです。

　これは国有企業の場合に顕著なように感じますが、公共工事の入札でなくても、なんらかの調達や業務発注を行おうとするとき、取引相手は会社として「資格」ありと認めた固定した業者のうちのいずれかにしか発注しないという傾向があるように感じられます（反腐敗政策のもとで、見知らぬ業者といきなり取引を始めようとするとなんらかの癒着を疑われてしまうという事情があるのかもしれません）。

　こうして取引相手としての「資格」が認められると、仮に実際の業務を他社が行うとしても、まずは契約窓口として選んでもらうことができるようになりますので、発注元である国有企業の事業規模に応じて、一定のキャッシュフローは確保されることになります。すでに述べたように国有企業は支払遅延が多い傾向がありますが、かといってプロジェクトの現場が止まっては困りますから、現場を動かすために必要な支払は当然のよ

図表Ⅲ−2−1　国有企業との取引

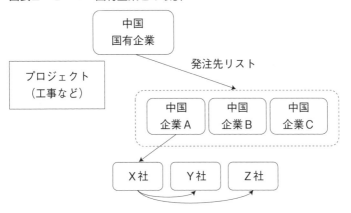

うに行われます。このように、法律上も会計上も目にみえるかたちでは表れてこない部分に収益力の源泉があるケースがみられます。

　中国ビジネスに携わっておられる方々は感じられたことが多々あるかと思いますが、中国の企業の方々は見知らぬ人には「一見さんお断り」といわんばかりに警戒心が強く冷淡な態度をとるのに、いったん親密になると今度は「遊びに来い」「ご飯を食べに来い」「今度あそこに連れて行ってやろう」と公私の垣根なく非常に距離が縮まり、「他人行儀（客气）」は悪であるといわんばかりの親密さで接するようになるように感じます。

　ビジネスの世界も同じようなもので、信頼できる相手と認めてもらうまでのハードルは高いものの、いったん認めてもらっ

て身内扱いになると「資格」という参入障壁に守られる面があるというように理解すると理解しやすいかもしれません。

　したがって、企業調査報告書を取得して財務情報をみただけでは、取引先としての安定度や信頼度を図ることができない場合があります。資産が小さい会社でも「資格」があればキャッシュフローは維持されます。一方で、資産が大きい会社でも、後述のとおり単に「水ぶくれ」しているだけで、取引代金の決済や事業遂行に必要なキャッシュは生み出されないということがあります。

　ただ、このような「資格」は経営者個人に属している場合が多く、経営者が離職すると失われてしまうということがありますので、あわせて気をつけていただければと思います。

2 企業の生死の境目があいまい

　日本と中国で、企業の見極めについて大きく異なるのは、日本では手形の不渡制度もあって、不渡りを出せば銀行取引ができなくなり企業が事業を継続していくことは非常に困難になりますから、その時点で法的整理（破産や民事再生、会社更生など）に入ることも多いですし、そこまでいかずとも事業再生ADRなど一定の手続が用意されており、企業が「死に体」になったときにそれがみえるかたちになっています。

　しかし、中国では、一時期「ゾンビ企業」といった言い方をよく報道などで目にしましたが、工場はあるが稼働していないまま長期間放置されているのに、特に法的な手続が行われてもいないということがあります。その企業が生きているのか死んでいるのか、死ぬタイミングがあいまいで、信用調査報告書などを取得しても、すでに事実上の倒産状態になっているのか、それとも事業を継続しているのかがわかりにくい場合が少なくありません。

　ですから、うっかりすると、すでに「死に体」になっている企業と取引に入ってしまうことも往々にして起こりがちです。

　このような事態を避けるためにも、取引相手となる中国企業のことをよく知る必要があります。現在では、上記のとおり、企業に関するさまざまな情報がインターネット上で公開される

ようになっていますが、それだけをみていたのでは情報が足りず、気づいたらすでに何カ月も前からその中国企業は「死に体」になっていたということになってしまいます。

　昔ながらの方法で顧客のところに「足を運ぶ」ことは、顧客の事業状況を知るのに意味がありますし、方法次第ではその時々のニーズを把握して次の受注や開発の方向性を考えるのに役立つ情報も得られます。ただ、いまは本当に情報の面では便利になりましたので、たとえばWechatで顧客のアカウントをフォローするとか、百度地図の「実景照片」という機能（Googleストリート・ビューのような機能）で遠方の顧客の工場の規模や立地をみてみるとか、さまざまな方法が考えられるようになっています。現地の営業担当者の方々の知恵を集めていただけるとよいのではないかと思います。

　余談ですが、私は自分自身がめんどうなことを好まないので、「リスク回避」のためだけに多大な労力をかけるような対応策はあまりお勧めせず、商品開発や事業展開にも役立つ一挙両得のような対応をお勧めするようにしているのですが、これもその一つです（ほかにも、たとえばメーカーが販売した製品についてリコール事故を避けるためにどうすればよいか、という話題があったときでも、メンテナンスや補修部品の供給、ソフトウエアの更新などで定期的に顧客と接点をもっておいて、事故につながる情報を早く把握できるようにしつつ、顧客の実際の使用状況を考慮した製品開発などに役立てるなど、一挙両得になるような対応をご提案しています）。

コラム⑦

オーナーの危険な行動

　日本の中小企業もそうなのですが、中国の民間企業はたとえ規模が大きくてもオーナー経営者に経営そのものが依存している部分が大きく、経営者に何かあればそれが直ちに企業自体の経営に直結してしまうところがあります。

　たとえば、日本では経営者が私的な投資などで大損失を被ってもそれを不正会計で補填する程度のトラブル（それでも十分重大ではありますが）が起こることはあっても、経営者がいつのまにか失踪してしまって企業活動そのものが止まってしまうようなことはあまり起こらないと思います。

　私がセミナーなどでよくお話しているのは、やはり経営者にはなるべく頻繁に会うことが大切だということです。それはビジネスの面でも当然ですが、経営者の個人的人脈や資産に企業活動が依存してしまっている場合が多いために、経営者の動向をなるべく随時把握しておく必要性が高いからです。たとえば、アポをとろうとしてもずっと海外出張中で会えないという場合はカジノで散財してしまっているかもしれませんし、以前はご家族にもよく会えたのに最近では家族に会えないような場合は家庭不和で離婚訴訟を抱えているかもしれないわけです。

　ですから、中国企業との付合いを考えるときは、役員レベルではなく、まずは経営者とつながりを継続的にもつことが何よりも大切だと考えています。とはいえ、用もないのに頻繁に訪問することもむずかしいでしょうから、春節、中秋節、国慶節などのお祝いの時期の挨拶の機会を大切にして、

形式的・儀礼的に行くだけではなくて、そこでようすをみてくるように営業担当者に注意喚起しておくなど、日常のなかでさりげなく情報を得るための工夫をこらしておくことをお勧めしています（日本ですと納品のための配送トラックの運転手さんなどにもお願いしたりするのですが、残念ながら中国ではそれはむずかしいですので、日本とは違ったかたちでの工夫が必要になります）。

3 「国有企業は 破産しない」？

　日系企業が中国現地企業と取引に入るときに、非常によくある誤解が、「国有企業だから大丈夫」というものです。国有企業といっても、国が出資している場合（中央企業）と、地方政府が出資している場合がありますが、いずれの場合も、国や地方政府が債務を保証してくれるわけではありません。

　また、統計からみると、少し古いデータですが2003年〜2012年の10年間の破産事件約４万件のうち、国有企業が55.75％を占めていました。これは人民法院が破産事件として審理した件数であり、民間企業の場合は破産手続すらせずに「夜逃げ」してしまう会社も多いですから、国有企業のほうが破綻しやすいとはいえないのですが、国有企業も多数破産していることが統計からみてとれます。

　もちろん、これは法的な破産手続に入った件数ですから、このほかに、単に何年も休眠状態になっている場合や、いわゆる「ゾンビ企業」になっている場合があります。国有企業の場合、慣習的に取引代金の支払を特に理由なく遅延することもあり、経営状態が悪化して資金繰りに窮しているのか、それとも通常どおり経営しているのか、外からみると判別できないということもあります。

　いずれにせよ、国有企業は身元がはっきりしている分、取引

に入るにあたって詐欺にあう可能性は民間企業に比べれば低いですが、しかし、だからといって「破産しない」わけではありませんので、ぜひご注意いただければと思います。

4 個人の破産制度

　もう一つ、日本と中国の大きな違いは、個人の破産制度がま
だ整備されていないということです。

　日本では、特に中小企業の場合、企業の銀行借入債務などに
ついては代表者が保証人になっていることが多く、「経営者保
証ガイドライン」が2014年2月から運用が開始されているとは
いえ、企業が法的整理に入るときには代表者もあわせて債務整
理を行うことが通常です。この手続を通じて、代表者の債務に
ついても免責を受けることができます。ところが、中国の場合

図表Ⅲ－2－2　企業と個人の破産

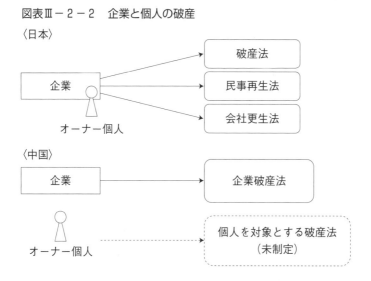

〈日本〉

企業
オーナー個人
破産法
民事再生法
会社更生法

〈中国〉

企業 → 企業破産法

オーナー個人 ⇢ 個人を対象とする破産法（未制定）

は、そもそも企業の債務について代表者が保証人となっていることは日本に比べれば少ないようであり、企業にいくら多額の負債があったとしても、代表者個人は差押えを受けることもなく、直ちに生活に支障は生じません。

　しかしながら、いったん個人が債務の返済ができない状況になりますと、ここ数年は、悪質な場合には上記に述べたブラックリストに掲載されることになりさまざまな支障が生じますし、もちろん、銀行からの融資を受けることもできなくなります。加えてここ数年は、代表者を務める企業がブラックリストに掲載された場合、企業だけでなく代表者もブラックリストに掲載する運用が始まりましたので、ともかく企業の破綻をどうにかして避けようということを考えます。そうしてP2Pなどの民間の非正規のルートで資金を集め、企業に簿外債務を積み上げて、最後に企業が破綻すると犯罪者として処罰されるという末路をたどることになります。代表者個人が破産して免責を受けて再起を図ることができないシステムになっているわけですので、逆に、もしそのような窮地に立った場合にはいかなる手段を用いても債務を逃れ、資金を隠さなければならないわけです。

　ベンチャー企業など新規事業を立ち上げるときでも、最初から実際の株主とは違う人の名義を借りて会社を立ち上げているような例もあるようです。これも、個人の破産制度がないがゆえのリスクヘッジ策ということなのかもしれませんが、そのベンチャー企業と取引をしようとしている側の立場では困った話

ということになります。

　中国はこのように、生存競争が厳しく、しかもその競争に敗れた場合のセーフティネットもありません。それゆえに、どの企業の経営者も手段を選ばず利益を追求する傾向があるということかもしれません。

第 **3** 章 違いに注意すべき各制度

1

「発票」制度

　中国国内のビジネスにかかわろうとするとき、まず知ってお
かなければならないのは、「発票（发票。Fa Piaoと読みます）」
の重要性です。「税務インボイス」と呼ばれることがあります
が、シンプルに「税務上認められる公的な領収書」と理解する
とよいかと思います。

　取引上、顧客から「先に発票をくれないと支払ができない」
といわれることが多いため、「インボイス」と呼称されること
があることとあわせて請求書のようなものと誤解する可能性が
ありますが、それは単に「支払をした後、領収書がもらえない
と経費として処理できないので困る」という観点から先に発行
する運用になっているにすぎず、機能としては購入者・発注者
側が仕入れに関する経費処理をするための書類と理解いただく
ほうが正確と思います。

　中国では、税務申告で計上できない費用は会計でも計上しな
いことが通例になっていますので、「発票」の有無は会計の面
で費用計上できるか否かを直接に左右します。

　この「発票」は、図表Ⅲ−3−1に示すとおり、VAT（増
値税）の仕入税額控除ができる根拠資料となるものであり、納
税額を減少させるという経済的効果をもちます。C社は消費者
に対して税込1,500元で商品を売ったとして、税率が13％とし

図表Ⅲ－3－1　増値税と発票

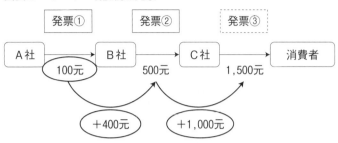

ます。この場合、1,500元に対して13％の税率が適用されるのではなくて、仕入れに使った500元を控除することができます。そうすると、Ｃ社としては「増値」分、つまり付加価値の分のみについて税金を払えばよいことになります。

　この仕入税額控除ができるかどうかは、発票があるかどうかによります。発票は払う税金が安くなるクーポンのようなものとたとえればわかりやすいでしょうか。したがって、偽造は紙幣の偽造に準じて厳格に処罰されます。偽造発票の購入者も同様です。

　日本でも軽減税率が導入される関係でインボイス制度が導入されるようですから、「発票」についての理解もしやすくなるかと思いますが、現在のところ、日本にはないものですから、日本企業の方々はご存じない場合も多いでしょう。

　しかし、発票が適法に発行される取引でない場合には、「正しく帳簿に記載できなくてもかまわない」取引ということになりますので、脱税などなんらかの不正な目的があると考えるべ

き場合が多いことは覚えておくほうがよいでしょう（なお、経費を精算する必要がない個人が購入なさる少額のものについては、特に気にする必要はありません）。

コラム⑧

増値税発票の虚偽発行

増値税発票は、増値税の申告・納付の際に仕入税額控除に使用され、また輸出の場面では輸出税還付に用いられますので、金銭と同様の価値をもつことがあります。たとえば、実際には商品を仕入れていないのに、発票を「買ってきて」あたかも仕入額が100あったようにみせ、売上120に対して仕入税額控除を行い、20の売上に対応する税金しか払わないという節税がなされます。輸出税還付の場合も、同じく発票を「買ってきて」国内仕入部材が100あったように装い、その仕入税額の一部（還付率により異なります）の還付を受けるということが行われます。

会社の購買担当者が、仕入れの値段を安くするために、発票なしの現金取引で副資材等を仕入れていることもあります。この場合、仕入額として帳簿に計上ができなくなってしまいますので、後で外部から発票を「買ってきて」辻褄をあわせます。たとえば100の部材Ａを現金で購入し（発票なし）、後に100の部材Ｂ（実際には買っていない）を購入したかのような発票だけを外部の業者（当然ながら違法です）から買ってきて、帳簿上は部材100を仕入れた取引だけがあったようにみせるというものです。

中国に出張または赴任された方々が街で買い物をするとき
にも、よく「発票が必要か」と聞かれ、発票が不要であれば
値段を安くするといわれることがあろうかと思います。発票
を発行しない売上は売上除外が容易にできるので、増値税を
納税せず、また企業所得税の申告時の売上を低くする脱税を
するのかもしれません。また、自らが増値税発票を発行でき
る資格をもっておらず、資格のある業者に頼んで発票を発行
してもらわなければならない（手間賃が発生する）ので、そ
の手間を省きたいということもあるでしょう。

　もちろん、すべてがそうではなく、単純に自らが発票を発
行する印刷機等をもたず、税務局で代理発行の手続を行って
もらうことがめんどうなので、数十元くらいの「発票発行
費」を払えば発票を発行してくれる（つまり、単に発行する
のがめんどうなだけ）という場合もあります。

　増値税専用発票や、その他の輸出還付税の騙取または税金
の相殺控除に用いることのできる発票の不正発行、偽造・変
造、さらには偽造発票の購入などはいずれも刑事犯罪に該当
し、しかも、たとえば増値税専用発票の偽造やその売却は無
期懲役まで、これを不法に購入した者も5年以下の有期懲役
まで科されることがある重罪です。

　にもかかわらず、いまでもなお、携帯電話のショートメッ
セージで「各種発票発行できます」という怪しげな広告メー
ルが届くことが頻繁にありますので、この不正発行または偽
造された発票による脱税等は頻繁に行われているものと思わ
れますし、これを利用して社内での不正行為の隠匿工作を行
っている例も多いと推測します。

　現在では、税務申告システムが全国で導入されたため、偽
造発票で仕入税額控除をしようとするとシステム上ではねら

れてしまうようになりました。ただ、交通機関や飲食店が発行する定額発票などまで完全に偽造が識別されるわけではなく、会社経費の不正支出を隠す目的で利用されている例もみられます。また、発票そのものは偽造されていないものの実際の取引の裏付けがないのに発行されている虚偽発行の発票もありますから、システムでカバーされている範囲とされていない範囲を適切に理解して、会社内での経費精算処理の盲点をなくしていくことは今後も考えていくべきことと思います。

2 品質保証・瑕疵担保責任の違い

　中国企業から物品を購入する場合、日本企業の方々は、品質管理のためにさまざまな苦労をなさっていると思います。中国の縫製工場に発注して衣類を購入して中国から日本に届いたものをみたら、生地が違う、ボタンが違う、縫製が違うといったことで、お客様からのクレームにつながってしまったというようなことは日常的に発生します。

　また、現地法人に赴任なさった経験がある方はよくご存知かと思いますが、現地で調達する原材料や部品の品質管理については、サプライヤーがずさんであることはもとより、現地法人所属の受け入れる側のスタッフも日本の工場の方々よりはデリケートさに欠ける大雑把なところもありますので、やはり苦労の多い仕事でもあります。

　法律的な面からみると、中国の品質保証責任は、消費者保護の関連法令が適用される場面を除いては、売り手側に優しく、買い手側に厳しい印象があります。というのも、中国では品質クレームを訴訟で主張しようとすると、外部の検査機関に頼んで検査報告書をもらい、損害額についても会計事務所等に頼んで鑑定報告書をもらって提出しなければなりません。手続上の手間が非常に大きく難度も高いために、普通の状況ではそこまですることは割にあわないことが多いからです。

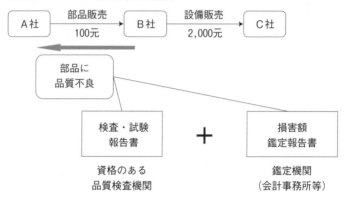

図表Ⅲ－3－2　品質責任の追及

　ただ、一方では、商売上の力関係によって、何の根拠もなく返品してくるような顧客も多いですから、それはそれで全体としてはバランスがとれているのかもしれません。逆にいえば、言葉はよくないですが、買い手としては商売上の力関係をできるだけ活用して、製造現場や検品・検査の状況を頻繁にチェックさせてもらうようにすることが求められます。中国には日本の下請法のような中小企業の取引上の保護制度がないわけですから、不良品を返品して代金を払わなければよいではないかと思われる方がいらっしゃるかもしれませんが、法務のご担当者はそれでよくても、購買・仕入れの実務担当者としては、やはり良品が滞りなく納品されてお客様の手元に届くことで信用第一の取引をすることが望ましいと思いますので、中国のサプライヤーの工場には遠慮も躊躇もなく介入して管理するという程度のスタンスでいていただいたほうがよかろうと思います。

3 不動産取引の安全

　中国の方々は不動産投資がとてもお好きなようで、最近では日本で不動産取引を考えている中国の方々からのご相談も増えています（もちろん、不動産を購入した後にトラブルが発生してようやくご相談に来られることのほうが割合としては多いのですが）。

　日本ですと、宅地建物取引士の資格をもった方々が重要事項説明書を交付してくれますので、不動産に関するさまざまな事項はそこに記載されており、重要事項説明書を読んでおけばさまざまなリスクを事前に避けることができます。そのほかにも、不動産鑑定士の意見を聞いて不合理に高額な不動産を売り付けられることを避ける、司法書士に依頼して登記手続を間違いなく行う、そういった不動産取引に関する各専門家の助力を得ることで、不動産取引の安全が守られる仕組みになっています。

　このような仕組みができあがってくるまでには、過去に不動産をめぐる詐欺にあわれた被害者の方々が多数いらっしゃったのだろうと想像します。

　一方で、中国はもともと「不動産はすべて国有」というところからスタートしており、不動産取引についての歴史が浅いですから、中国と日本では、不動産取引の安全を確保するための制度が大きく異なります。最大の違いは、「宅地建物取引士」

図表Ⅲ－3－3　不動産取引の専門家

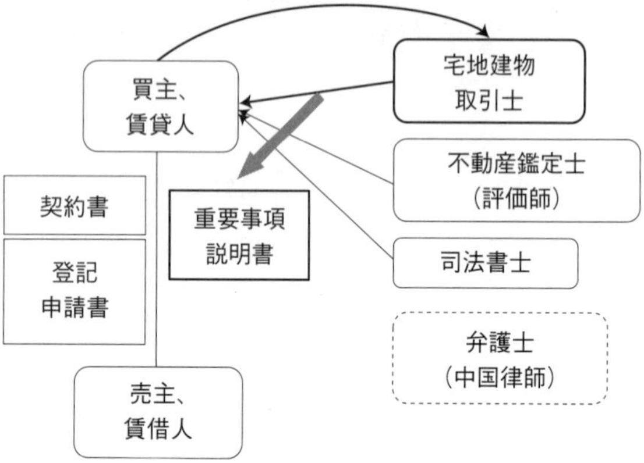

が発行する「重要事項説明書」に相応する制度がなく、不動産取引に関してチェックしておかなければならない事項を購入者自らが気をつけてみておかなければならないというところでしょう。

　加えて、中国にも不動産取引の仲介に関する資格制度はあるのですが、資格をもっていない方々が仲介してマージンを得ていることも多く、場合によっては投資物件を紹介して、「あなたはお金を出す、私は物件を紹介する」ということで投資収益をシェアしましょう、そういったことで取引が行われています。

　日本に不動産を買いに来られる中国の方々はこのような感覚ですので、みていても心配になりますし、逆に、日本企業の方々が中国で不動産関連の取引をする場合には、自分できちん

と気をつけておかないと、資格のない仲介者に「だまされて」しまう（もちろん、その仲介者は義務がないので説明しないだけで、だましているわけではないのですが）ということが起こります。

　逆に、自分でしっかりみなければならないという意識さえあれば、中国でも不動産取引の正規の資格をもった専門家の仲介業者はいますので、そういった方々の助力を得るということに思い至ることができ、事故を避けられると思います。ただ、そういった方々に日本の専門家の方々と同じような親切で緻密な対応を期待してはいけません。そこは歴史が違うわけですから、自助努力を忘れないようにお気をつけください。

4 賃借物件に関する誤解

　また、「借地借家法」に相当する法律がないというのも中国で日本企業の方々が本当によく間違うポイントです。広々としたオフィスを借りて、立派な内装をして、家賃も割安でよかったと思っていたら、更新の時には大幅な値上げを提示されて困ったということが起こります。

　日本ではそのような大幅値上げを要求されても、近隣の賃料相場（それも新規ではなく継続賃料）が相応に上がっていなければ断ればよいわけですが、それは古くから賃借人の権利が強く保護されてきた日本独特の背景があり、「借地借家法」のほかに多くの事例に基づく賃借人を守る仕組みがあるからです。

　一方で、中国の場合は、家主側の言い値を聞かないと「では更新せず退去してください」となってしまい、引っ越すか、それとも値上げを飲むかの二者択一というシビアな選択を迫られ

図表Ⅲ－3－4　賃借物件の契約延長

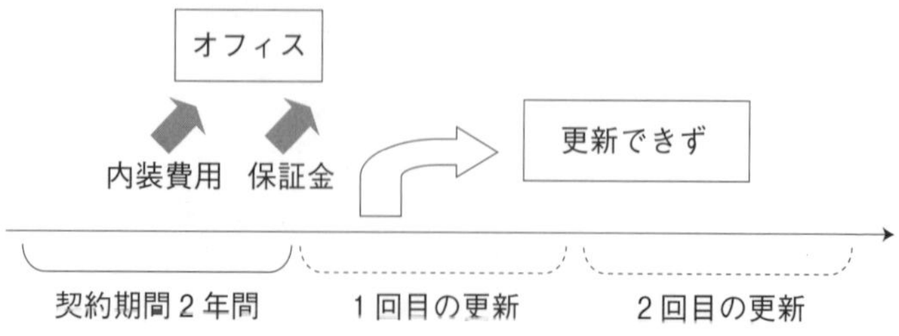

ることになります。

　また、値上げに応じられないのでやむをえず退去するときでも、「入居した時の内装状態」に戻す全面的な内装工事費用を負担させられることがあります。保証金から工事費用相当額が控除されるため、保証金がほとんど戻ってこないという現象になって現れます。日本では従来から裁判例の蓄積によって通常損耗や経年劣化は賃借人の原状回復義務の範囲に含まれないものと理解されており、2020年4月1日から施行される改正民法では明文の規定を新設しました。一方で、中国ではこの点に関する明確な規定は存在しておらず、オフィスの賃貸借契約に原状回復範囲について通常損耗や経年劣化を含まないとの約定があったとしても、内装をほぼ完全にし直す程度の原状回復工事費が控除されることがあります（原状回復が完了しなければオフィスの退去・明渡しの遅延による違約金が発生することになるおそれがあるため、通常の場合はそのような追加費用の負担を考えると、原状回復工事費の見積りが高額と感じる場合でも渋々これに応じなければならないという困った状況になります）。

　日本と中国では、賃借人保護という面では180度違うといっても過言ではありません。ぜひご注意いただければと思います。

第 **IV** 部

組織・人事

第 **1** 章 会社の管理

次に、実際に現地法人に赴任して、中国で現地法人の運営に携わる方々に向けて、知っておいていただきたい事項をご紹介します。

不良資産の蓄積

　中国では、日本に比べて経費が否認されやすい傾向があり、特にその傾向が顕著なのは資産が帳簿に計上されている価値よりも低い価格で処分される場面です。

　中国の税務当局は、税収確保を任務としていることから、課税所得を減らす方向での会計処理については容易に認めません。たとえば、回収不能となっている売上債権であっても、貸倒処理することはなかなか許しませんし（処理はできますがそれによって納税額を減らすことは認めない）、在庫を見切り処分する、または廃棄処分する、設備を除却するといった場面でも同様です。過去はこれらの損金処理については事前認可が求められていたところ、現在では基本的に企業の自主申告によることになっていますので、一見すると規制緩和なのですが、逆に、事前に税務局が損金処理を認めてくれるかどうかの判断を仰ぐことができなくなってしまいました。そのため、本来は損金処理ができないものが損金として計上されてしまい、その後、何年もたってから処理の誤りを指摘され、損金算入が否認されて過少申告として追徴を受けるほか、さらに滞納金や罰金まで払わなければならなくなるという事態が生じやすくなってしまったという厄介な側面もあります。

　その結果、中国現地法人はその運営期間が長ければ長いほ

ど、「帳簿上は計上されているが、実際には価値がない」不良資産が蓄積していくという現象がみられます。

　たとえば、売掛金を払ってもらえないうちに顧客が夜逃げしてしまったとき、その立証がむずかしいため貸倒処理を怠ったまま放置します。そうすると、すでに請求しようにも顧客と連絡がとれず、訴訟を起こそうにも時効にかかっているような債権が帳簿のうえではそのまま残って蓄積されていきます。

　つくりすぎて売れないままもっている在庫も、すでに陳腐化して買う人がだれもいないような商品なのに、原価割れの価格で売却したり廃棄したりしても、税務局は「正当な価格で売った」とみなして課税してきますので、価値が低下したまたはゼロになったことを証明しなければならない煩瑣を避けるため、見切り処分もせず廃棄もせず、ずっと倉庫に置いておきます。設備についても、すでにその設備で製造していた商品が製造中止になったので不要になっているにもかかわらず、同様に売ったり廃棄したりした場合の課税問題が生じるのを避けるために、これも工場にずっともっておきます。

　そういった、事業の役に立たない不良資産が帳簿上で延々と蓄積しつづけていくと、その企業は「資産が多いわりに収益が出ない、資産をうまく収益に結びつけることができていない」企業というようにみえることになります。このときは、上記のような不良資産の蓄積という病を疑ってみることになります。

　このような現象が起こっていないかどうかチェックするときには、企業の「効率性」を図る指標としての売上債権回転率、

図表Ⅳ－1－1　効率性指標の悪化

怠る処理	帳簿にたまる不良資産	悪化する指標
債権の貸倒	回収不能な債権	売上債権回転率
在庫の廃棄損	売れる見込みのない在庫	棚卸資産回転率
設備の除却損	生産に寄与しない不要設備	有形固定資産回転率

棚卸資産回転率、有形固定資産回転率といった指標を計算して、それを日本本社のものと比較してみることが有益です。これらはいずれも、売上高を各資産で除する割り算をすることによって、各資産が効率よく売上につながっているかどうかをみます。たとえば、在庫が100万円あって年間売上500万円ですと棚卸資産回転率は5回ですが、在庫が200万円に増えて年間売上が相変わらず500万円ですと棚卸資産回転率は2.5回に減少します。つまり、売上に貢献せず滞留してしまっている在庫が多数ある場合、棚卸資産の回転率はその分悪化します。

　よくある誤解ですが、会計監査というのはあくまでも財務諸表が会計上のルールに従って作成されているかどうかをチェックしているだけで、財務諸表が適切に企業の実態を反映するように作成されているかどうかをチェックしているわけではありませんし、ましてや、架空売上計上や過大在庫計上などの不正な会計処理を見抜くものでもありません（なにせ企業が作成してきた財務諸表に1,000元で印鑑を押してあげるという「親切すぎる」会計事務所すら存在するくらいですから、不適切・不正な会計処理を「見抜こうとすらしていない」場合が大半であると申し上げ

ても過言ではありません）。

　帳簿は企業の状況を正しく把握するために活用できます。せっかくつくっているのですから、なるべく活用いただくことをお勧めします。不良資産はいつか必ず損失化します。売上が伸びているから経営が順調だと思っているうちに、いつのまにか目にみえない借金を抱えてしまっているということもありますが、逆に「悪い、悪い」と思っていたら実際にはそう悪くもない状況だった、ということもあります。ぜひ、少し違った目で帳簿をみてみることをお勧めします。

2 現地法人に寝ている資金

　中国では、増資するにも親子ローンで資金調達するにも、ましてや銀行で借入れをするにも、とにかく資金調達の実施手続に時間がかかることが多かったために、安全のために現預金を過剰に準備しておくことが習慣となり、結果として資金を寝かせているままの運用が定着してしまっていることがあります。

　このような運用は、資金運用の効率を下げますし、何より、日本本社に比べて十分な管理ができにくい現地法人に多額の資金を置いておくことは危険です。もし資金流用などが起きないとしても、中国国内の銀行から年5％を超える高い金利で多額の借入れをしているのに、その一方で金利がつかない資金を寝かせているという「もったいない」景色をよく見かけますので、資金運用効率がマイナスというおかしな状況が生じないようにしていくことは気にかけていただいたほうがよいでしょう。

　この点、以前は、資本金は原則として会社設立後2年以内に全額を払い込まなければならず、結果として実際の資金需要が生じるまで資本金として払い込まれた現金がずっと現地法人の口座で「寝た」状態になってしまうことがありました。しかし、2014年の資本制度改革を通じて、払込時期についての規制はなくなり、企業が自ら定款で定めることができるようになり

ましたので、必要な資金だけを随時に投入していくことが可能となりました。

　また、増資についても、以前は増資をするつど、事前に政府機関の認可を得る必要がありましたが、2016年の外資企業向けの規制緩和によって、現在では原則として届出で足りることになっています。ですから、以前なら手続に時間がかかることを考慮して多めに資金をもっておかなければならなかったのですが、現在は機敏に増資によって追加資金を投入することができるようになりました。

　つまり、昔ほど中国の現地法人に現金をもたせておく必要はなくなっているのです。にもかかわらず、昔ながらのやり方で現金を寝かせてしまっている会社も往々にしてみられます。日中の金利差や為替変動を見込んで意図的・計画的に中国に多めの資金を置いている場合、それは非常に素晴らしいことで私もあやかりたいと思いますが、もしそうでないとすれば、一度見直してみていただくとよいのではないかと思います。

　ちなみに、中国では決算の関係で、年末に現金が多くなるよ

図表Ⅳ－1－2　出資・増資の過去と現在

	制度の変化	効果
資本金払込	設立後2年以内 →定款で定める時期	多額の資金が寝た状態 →必要な資金だけ随時投入
増資手続	事前認可が必要 →原則として届出で可	手続に時間がかかる →機敏に増資が可能

うにさまざまな手段でいったん現金を銀行口座に入れて、年が明けるとすぐにそれを出金するという習慣が時々みられます。これは主に銀行向けの信用を保つためのようですが、第三者からの出資を募る場合に業績をよくみせようとする目的である場合もあります。なかにはオーナー自身がわざわざ個人の資金をいったん会社に入れておいて、年が明けたら個人口座に戻すという「見せ金」まがいのことをしている場合もあるくらいです。

　取引先など第三者が外部からこのような操作を見抜くことは困難ですが、本来、出資先の現地法人であれば、それが合弁会社であっても銀行取引履歴を確認すれば実態を把握することができるはずです。しかし、おそらく大多数の日本企業の方々は、そのような習慣が存在するという発想すらないため、資金流用や粉飾決算に気づかないという事態が生じてしまうのだと思います。

　「現金が足りない」ことはだれでも気づく問題ですが、「現金が多すぎる」こともまた問題だという意識をぜひおもちいただければと思います。

第 **2** 章 組織・人事の管理

日系企業ではよく、中国現地法人にも日本と同じような管理方式を持ち込もうとする例がみられます。稟議書制度しかり、社内規程しかりです。

　しかしながら、国も文化も違うところに同じ制度を適用しようとすること自体、相当に難度が高いことであるうえに、さらに、そのための教育も研修も何もかもが現地に赴任する日本人駐在員の方々に委ねられるという「無茶振り」がよくみられることから、かたちだけは何となく同じような仕組みで運用されているが実際には「仏作って魂入れず」になってしまっていることがよくあります。

　日本企業の強みは、個人の利害を排して全員が企業のためにチームワークを発揮するところにあり、日本企業の管理方式はその風土が醸成される新入社員研修から（さらには学校教育にまでさかのぼるかもしれない）長い時間をかけた人材教育があることが前提です。それを中国でいきなり真似ようとしても無理があります。ですから、中国には中国なりのやり方をアレンジする必要があります。

　たとえば、日本では給与体系が整備され、人事評価制度も整備されて、公平感のある人事制度がよしとされます。これはチームワーク重視だからです。一方で、中国は日本と違ってあからさまな「格差社会」であり、優勝劣敗が子どもの頃から叩き込まれている人たちが集まっているわけですから、そこでの求心力は公平性ではなく、ひとえに経営者・管理者のリーダーシップを源泉とします。ですから、たとえばボーナスを決める

にしても、「総経理枠」のような総経理が自由に決められる枠を設けて、総経理が独断に基づいてその配分を決定するという方式のほうがむしろ組織の活性化に寄与します。20〜30名程度の小さな規模の会社である場合には、そもそも給与体系自体が存在せず、給与・賞与の額はすべて総経理個人が各従業員と交渉して決めているというツワモノの総経理もいらっしゃいますが、これはこれで中国では一定の合理性があるのでしょう。

　このような観点から、中国現地法人の順調な発展のために、組織・人事の観点で考えてみていただきたいポイントをいくつかご紹介します。

組織としての発展段階

　まず、中国現地法人の組織論を考えるときの発想の出発点は、日本本社と中国現地法人ではそもそも組織としての発展段階が違うということです。

　企業の成長段階から、企業の成長要因と課題を整理しようとするグレイナーモデル（「5段階企業成長モデル」）というモデルで考えてみます。最初、企業の規模が小さいうちは、組織にはルールもまだ整備されていませんので、社長が強いリーダーシップを発揮して、何でも社長が決めます。ところが、会社が成長していくと、社長は一人しかいませんが従業員はどんどん増えていきますので、そのうち社長の目が行き届かなくなります。このままでは会社はそれ以上発展することができません。そこで、何かルールを決めて、権限を委譲して、各部門長に各部門を管理してもらうなど、社長の役割を組織のなかで分担できるように、組織としてのルールが形成されていきます。この過程で、最初、企業は創業者の生み出す創造性やリーダーシップなど、個人の力で成長していきますが、規模が大きくなってくると組織の構成員全体の力を結集して発揮させる組織力やチームワークによって、個の力ではなしえないことができるようになり、さらに大きく成長していきます。

　このモデルでいえば、中国現地法人は多くが小規模であり、

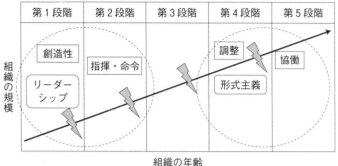

図表Ⅳ－2－1　組織の発展段階論

| 第1段階 | 第2段階 | 第3段階 | 第4段階 | 第5段階 |

組織の規模

創造性
リーダーシップ
指揮・命令
調整
形式主義
協働

組織の年齢

　組織としての年齢も若く、成長要因も課題も日本本社とは異なるはずです。

　日本の本社は、すでに長年の歴史をもち、構成員の共通意識も醸成され、それなりの規模で組織が秩序立って動いているでしょう。しかし、当然ながら、中国現地法人は、一般には最初はそれほど規模が大きくなく、日本本社のような洗練された管理方式も、経験を積んだ管理人員もいません。つまり、創業して間もない会社のように、だれかが強いリーダーシップをもって何でも指示しないと物事が動かない、まだ若い会社です。全従業員が企業の利益に向かって行動するために調整・協働することなど望むべくもなく、それぞれの従業員に手取り足取り、どのように行動すべきかを教えていくところから始めなければならないわけですが、多くの場合その教育を担う人材は日本本社から派遣された駐在員が数名いるだけという状況です。

　そこに、さらに日中両国の文化の違いが加わります。「和を

以て尊しと為す」日本と、欧米にならった個人主義の傾向がみられる中国の違いです。各従業員は自らに与えられたミッション、ノルマを達成することを通じて、よりよい待遇と地位を得ようと動きます。短期的なボーナスを求める人もいれば、社内での地位と発言力を高めることを求める人もいます。そして彼らは、自分たちなりに最も自らの目的を達するために近道と考える方法に従って動きます。

当然ながら、中国現地法人は日本本社に比べると圧倒的に会社としての歴史も短いわけですから、会社に対する忠誠心とか、会社の安定を希望する気持ちが湧くことを期待することができる背景もありません。

ですので、中国現地法人には、中国現地法人の状況に見合った管理のしかたを考えることが求められると思います。

　何度も繰り返しになりますが、中国は「分散」が大きい格差社会です。「典型的な中国人従業員」をイメージして制度設計をしようとしてもむずかしいです。しかし、逆に「日本人の特徴」を考えれば、それとの対比で中国の方々はそうではないと認識することは、それほどむずかしいことではありません。よくいわれる「中国人はこうだ」という説明には、実は「日本人であるわれわれの一般的傾向と比べてみると」という前書きが抜けているように感じます。

　たとえば、日本では教育が均質的であるため、「正直であること」「嘘をつかないこと」が正しいことであるという共通認識があります。中国は分散が大きいですから、建前としてはそうでも、意識としては日本人ほどの正直さに対する尊重はないかもしれません。では、中国の人は世界的にみて嘘つきでしょうか。決してそうとはいえないでしょう。ただ、ビジネスという場面において、日本人ほどには正直ではないかもしれないというだけです（ビジネスの場面でも、自分の気持ちに正直に行動しているかという目でみると、実は中国の方々のほうが正直なのかもしれません）。

　日本人の方々の多くは、たとえだれもみていなくても正しい行いをしている限り、必ず「世間」が助けてくれると考えてい

るようにみえます（遊び人の金さんが実はお奉行様で、自分たちの知らないところで自分や他人の行動をみていてくれて、悪人を懲らしめてくれるという類の発想です。水戸の御老公もそうですね）。

　一方で、中国は10倍以上の人口が３倍程度しかないGDPを奪い合う「生き馬の目を抜く」苛烈な生存競争の社会ですので、そのような牧歌的な発想を抱く余裕がありません。これはあくまでも「日本と比較して」という話ですので、誤解しないでいただきたいのですが、助けてくれるだれかというのは存在せず、およそ犯罪行為でない限りはあらゆる手段を講じて個人的利益を達成するのが優秀で有能な人間だと考えていると理解しておくほうが現実に近いと思われます。

　ほかにも、よくいわれることですが、中国の方々は「メンツ」を大切にし、メンツを潰されることを非常に嫌います。メンツが立つかたちを常に考えておかないと、できる話もできなくなってしまいます。話の内容よりも立場が重要だということは日本でもありますが、中国はその程度が甚だしく、しかも相当に露骨であると理解いただけばよいでしょう。ですから、メンツを立てる必要のある相手との約束は守りますが、その必要のない相手との約束にはそれなりの対応をします。取引するとき安全かどうかは、制度的に守られているというよりは、個人の人的関係によって守られている部分が大きいと考えたほうがよいです。

　会社の意思決定過程でも、なにせ個性がバラバラな人たちの集まりですから、意見を集めだすと収集がつかなくなりますの

で、トップが号令をかけて一斉に皆が動きます。意思決定の仕組みがそもそも違うのです。

　中国にも日本にもいろんな人がいますので、結局は個々人と向き合って見極めていただく必要があるのですが、「当然そうだろう」という思い込みを排除して現実と向き合うには、まずガラパゴス的な「日本ならでは」の特徴を認識しておくほうがよいということです。

　日本では「終身雇用」のゴールとしての定年退職を目指す行動様式が長くとられてきたために、ついつい、日本の方々の行動様式を人間としての「常識」と錯覚してしまうときがあります。

　たとえば、日本で働いている方々は、大成功せずとも普通に生活を維持していくことはでき、また長期勤務に対する退職金などのインセンティブが大きいので、長期的な安定を志向し、

図表Ⅳ－2－2　筆者の個人的な比較

	中国側	日本側
行動原理	短期的利益の追求（機会主義的）	中長期的利益、安定的発展を重視
意思決定	場当たり的だが、早い	緻密だが、遅い
取引安全	個性・人的関係を重視	制度的な保障を重視
顧客とは	個人の人脈・財産	会社の取引先
法の信頼	天は自ら助くる者を助く	「遠山の金さん」文化？
企業とは	オーナーの投資資産	社会の公器

事故を起こさないように慎重に行動する習慣が身についています。一方で、中国をみますと、大前提になる「終身雇用」や手厚い退職金制度が存在しないために、短期的な利益を追求して機会主義的な行動に出る確率が高くなります。

　また、日本では所属する会社の評価が自分個人の社会的評価に結びつくのですが、中国でもそのような面は一定程度ありつつも、やはり個人のもっている人脈とか能力とか、より直接的には収入や財産をもって社会的な評価が下されているようにみえます。ですから、中国の従業員の方々は日々、自らの人脈や能力を高めることに余念がなく、会社の仕事は明示的に要求されたことだけこなせばよいという発想になりがちです（実は最近の日本の働き方改革をみていると、そのほうが個人の自由と独立のためにはよいのではないかと思うところもあります）。

　日本の「常識」という色眼鏡を通して中国人従業員の方々をみていると、「仕事に取り組む意欲がない」とか、「会社のために貢献する主体性がない」といった不満が蓄積していくでしょうけれども、そもそもの育ってきた環境・背景が違うことを意識して、「なるほど、彼らはこう考えるのか」という気持ちでみていると新鮮で新たな視点を与えてくれることが多いです。私自身の仕事柄かもしれませんが、中国に赴任したからにはぜひ、そのような観察眼をもって、少し当事者の立場から離れた目線で中国人従業員の方々をみていただけると、楽しみも増えるのではないかと思います。

3 「キーマン」が重要に

　このように組織も人員も日本とはまったく違う状況で、日本で経営者の立場を経験したことがなく経営者としてのスキルと経験をもっていない駐在員の方にとって、中国現地法人をマネジメントすることは非常に難度が高いことは想像にかたくないところかと思います。

　さらに、言語の問題があって、日本からの駐在員・出張者が現地スタッフ個々人と十分なコミュニケーションをとるのは困難です。ですから、橋渡しをしてくれるスタッフは貴重であり、そのような役割を果たしてくれる通訳などがいて初めて、組織を意図する方向に向かわせることができます。この人は経営者と現場スタッフの間の単なる「パイプ」ではなく、部下や

図表Ⅳ－2－3　「連結ピン」の役割

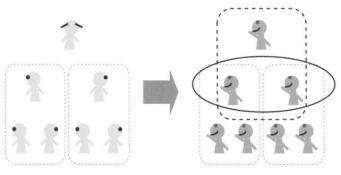

他の部門をまとめなければなりません。組織内で複数の人や組織をつなぐ「連結ピン」の役割を果たすわけです。

　通訳にはつい頼りがちになりますが、通訳が自分の意図しないところで、あたかも自らが経営者のように専断的に行動することもあります。語学能力と同時に秀でたマネジメント能力や営業力・技術力をもっていれば、各部門の現場スタッフからも尊敬され、「パイプ」でなく「連結ピン」になることもできるでしょう。しかし、そのような通訳の方はまれで、「パイプ」の役割しか果たさず、正しく経営者の意思が伝わっていかないこともあります。そうなっては駐在員の方がリーダーシップを発揮することはむずかしくなりますから、できるだけ組織としての「風通しのよさ」は保つべきでしょう。

　ちなみに、私自身は常々、事務所のなかでは「私はよく間違った指示を出すので、『それは違う』と思ったら必ず指摘してください」ということを口にしています。「『いうことを聞く』ことは求めていないし、それはあなたの仕事ではない」ともいいます。そう公言していても、なかなか思ったことを口にすることはむずかしいようではあるのですが、指示に反論されたときは腹は立たず、むしろ嬉しいと感じます。上司や管理者というのは、組織のなかでは常に孤独です。経営者とあればなおさらです。「風通しのよさ」は上司や管理者の側こそ求めているものではないかと個人的には考えています。

　ところで、「風通し」というと、内部通報などを思い起こす方もいらっしゃるかもしれません。最近に限った話ではありま

せんが、どの会社でも内部通報（密告）については処理に困ることが多いと思います。現地に赴任されている管理者の方々からすると、内部通報の対応は業績につながりませんし、しかし放置しているわけにもいかない、百害あって一利なしという厄介なシロモノです。

　ただし、少し考え方を変えてみると、通常の業務上の報告・連絡・相談のルートが正しく機能しているときには、現場作業の従業員の方が「お上に直訴」する必要はないわけですから、内部通報が多いということは、組織のなかの報告・連絡・相談のルートのどこかがうまく機能していないということの表れでもあります。つまり、「風通し」の悪い会社こそ内部通報という別ルートが必要で、「風通し」さえよければ内部通報で悩むようなことは起こらないはずなのです。

　もちろんすべてがそうではなく、社内不倫をしていた管理者の男性と事務職の女性の関係がうまくいかなくなって、腹いせに互いが互いのことを内部通報するというような「それは二人の世界で勝手にやっていて欲しいなあ」と思わざるをえないようなこともあります。しかし、多くの場合、内部通報の多寡というのは間接的に、組織の情報伝達機能がよいか悪いかのバロメーターになっているので、健康診断結果のようなものととらえていただくことができるのではないかと思います。

4 賃金・評価制度の アレンジ

　このような困難な状況で、組織をコントロールするには、やはり給与体系と人事評価制度が一つの大きな武器になります。

　しかしながら、残念なことに、中国現地法人には日本で使われているのと同じ仕組みがそのまま持ち込まれ、「似合わない服を無理に着ている」ような状態で、何かあるとすぐに破れてしまうような状況になっていることがあります。

　日本では勤続年数が長くなるほど業務能力が高くなるという考え方から、職能給を基本としている例が多いと思われます。このほかに賞与・退職金など、賃金の後払い的な性格をもつ部分がありますが、これも長期間にわたり勤務してもらうインセンティブとして機能します。一方で、中国では待遇は職務に応じて決められるのが一般的です。そして、賞与も原則1カ月分程度しか支給されず、後払い的な性格はなく、支給が保証されたものでもありませんので、長期勤務のインセンティブとしては弱いものです。

　職務という面では、現場従業員と管理人員では仕事の難度が大きく異なります。中国は日本よりも給与格差が大きいのですが、「分散」が大きいことにあわせて、日系企業の独特な企業風土のなかで管理者として働くことができる人が限られてくることも、待遇が大きく異なってしまう一因といえるでしょう。

このような給与体系や昇進・昇給を考えるときにも、「キーマン」に対する待遇をどうするかは重要になります。日本と同じような給与体系を組もうとすると、せっかくの橋渡しをしてくれる優秀な人材を確保できなくなってしまい、かえって困ったことになってしまいます。また、「キーマン」を考えるとき、どうしても日本語能力の高い方を重視してしまいがちになりますが、実は日本語が話せない従業員のほうが業務能力は優れていることも多いですので、人事評価の面でも言葉の壁を意識する場面があります。

　日本のような、新入社員の頃から長い年月をかけて従業員教育を行い、管理者に育てていくプログラムは中国ではそのまま適用することは困難です。どうしても日本とは異なる給与体系の組み方、考え方をアレンジして運用することが必要になってきます。よく給与・賞与の金額だけをみて人事制度を考えておられる例を見かけますが、賞与や退職金といった賃金後払い的な性格をもつ制度がないことや、そもそも離職率が非常に高いために一定のスキルを身につけた人材は容易に他の企業に移ってしまうことなど、日本とはそもそも環境が違うことにも配慮いただければと思います。

　これらの目にみえる給与・賞与などのほかに、中国の会社では、一定以上の地位にある従業員が企業の販売・調達業務に携わる過程において、自らの親族・知人につくらせたトンネル会社を経由させて中間マージンを抜くことや、直接的に業者からリベートを受け取ることがよくみられます。

図表Ⅳ－2－4　賃金待遇の構造

〈日本〉

基本給	残業手当	賞与
職能給		退職金
成果給		

〈中国〉

基本給	残業手当	賞与
職務給		退職金
成果給		

　これはもう、思わず笑ってしまうような話なのですが、ある会社の事例では、営業担当者自身がその担当地域の独占的代理店を設立して、自らオーナー兼法定代表者になっていたというような、あからさまな事例がありました。それだけならまだよかったのですが、出資者主導での社内監査でこの事実が明らかになった後、営業会議でこの問題を取り上げ、さらに親族が代表者や出資者となっている会社と取引していないかと問い詰めたところ、営業部門の複数の担当者が次々と挙手し、かなりの地域の独占的代理店が営業担当者の親族の会社であったことが判明したということでした。周到に証拠を固めたうえで詰問したわけではなく、「もしかして」と思って聞いてみたところすんなりとその事実を認めたということであったようですので、むしろ「親族の会社と取引して何が悪いのか」という中国の営業部門人員における感覚がスタンダードで、悪意なくそのようなことが行われている実態がよくわかる事例かと思います。

　このような「役得」が半ば「暗黙の常識」として常態化していたところ、最近では、そのような習慣が変わりつつありま

す。

　2019年1月のことですが、ドローン最大手のDJIで、内部の反腐敗活動によって10億元を超える損失があることが認識され、45名が処罰されたという報道がありました。このうち16名は司法機関に処理を委ね、残る29名は直接的に解雇処理を行ったとのことです。その手口は、研究開発や購買にかかわる従業員が、サプライヤーに技術的仕様条件や価格情報などの内部情報を開示して取引機会を与える見返りに、ブローカーを介在させることでいわば「口利き料」を得るという典型的な手口でした。

　日系企業は早くからこのような社内不正の問題に取り組んでこられていましたが、中国国内企業であっても、従業員のこのような不正行為によって懲役2〜6年といった刑事処罰が科せられた事例は複数存在しています。DJIのような大手企業の事例が公表されたことで、中国企業のなかでも不正摘発の取組みは加速していくと思われますので、「暗黙の常識」も徐々に変わっていくのではないかとみています。

5 柔軟な
人材活用のために

　次に、人事異動によって適材適所を実現できるようにすること、そして、そのための権限を経営者がもつようにしておくことは、組織の統制にも、運営の効率化のためにも重要です。

　このとき、日本企業の「正社員」の方々は、労働契約がそもそもない環境で育っているためか、労働契約の重要性と活用方法の理解が不十分で不慣れなところがあります。たとえば、労働契約に「営業部長」と書いてしまって、いざその人を交替させようとしても労働契約の変更（双方が合意して契約変更の書面を再締結する必要があります）ができないといった初歩的なミスが頻繁にみられます。

　日本では、いま、内閣府の規制改革推進会議で、「地域限定」「職務限定」「時間限定」などの正社員の多様化という話題が出ているようですが、中国ではもともと、労働契約の記載が両者の合意でしか変更できないために、原則としては「地域限定」であり、「職務限定」であり、「時間限定」であるところから出発します。このように基礎になる制度が異なるところから理解が欠けていると、現地法人の人事管理はうまくいくはずがありません。

　職務・職位は、待遇にも影響します。中国では労働契約に賃金が記載されますから、会社と労働者本人の双方が同意しない

図表Ⅳ－2－5　賃金と職務の連動

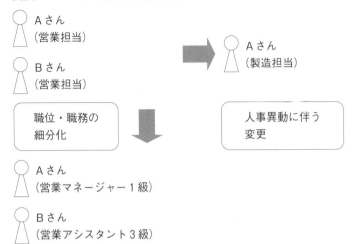

限り、賃金を変更することができません。ですので、もし日本式に職務・職位が変動したときに賃金も変動するようにしたければ、基本給と職務給・職位給を分けて記載しておく必要があります。具体的に労働契約書にどう書くかというと、単に「給与8,000元／月」と書くのではなく、「基本給5,000元、営業担当手当3,000元」「職務の異動があった場合は手当は相応に調整される」というように記載しておく必要があります。このような事前の配慮をしておいたとしても、一方的な減給は中国では認められないので、実際にはなかなか思うに任せません。そこで、固定給をなるべく低く設定し、業績に応じて変動する部分を増やしておくことをお勧めしています。

　このようなことは、やはり中国と日本の労働慣行の違いによ

るものだと思います。日本の方々は終身雇用してもらうのだか
ら、できるだけ会社側の都合に従って異動も受け入れなければ
ならない、そういった考え方が長らく形成されてきているよう
に思われ、これは世界でもおそらく特殊なことなのでしょう。
そういった特殊な文化に自分が慣れてしまっていることを自覚
しておかないと、「常識」を覆されて不愉快な気持ちになるこ
とになります。しかし、よく考えれば、個々に会社と協議して
決めたことが、後で会社側の都合で一方的に変えられるのはお
かしなことだという素朴な考え方も道理ではあります。もし日
本式の労働慣行になるべく近いかたちで現地法人を運営したい
のであれば、社内の就業規則などの規程類を整える前に、労働
契約の書式にきちんと「具体的には就業規則に従う」という一
言を書き加えておくことをお忘れなきように、ご留意くださ
い。

コラム⑨

病欠理由も多様化？

　過労やストレスを原因とするうつ病などによる労災申請は
日本では年々増えているようですが、私は、これはマジメで
責任感にあふれる日本の方々に特有の現象だと思っていまし
た。ところが、中国でも最近では「996」（朝9時に出社して
夜9時まで、週6日働く）という言葉が話題になり、「過労
死」という言葉も何年か前からは報道でもみられるようにな

っています。以前の中国の従業員のイメージといえば、「終業ベルがなる15分前には机を片付けて着替えに向かい、終業時間を待っている」という牧歌的なものだったのですが、この10年ほどの間に随分とようすが変わりつつあるようです。

　私の出会った事例でも、このようなメンタルヘルスに関するものがあります。たとえば、ある従業員が従業員宿舎に引きこもり、数週間にわたってまったく出勤しなくなったことがあります。心配してご両親もわざわざ故郷からようすをみに出て来たのですが、それでも出勤しようとしません。そこでご両親から日本人駐在員である総経理に、これは業務上の原因によるものなので労災申請をしてほしいという要求が寄せられました。しかしながら、宿舎の同僚などから事情を聞いてみると、業務上の原因は何も見当たらず、実際の原因は「交際相手の女性に振られた」ということであったことがわかり、ご両親も少しバツが悪かったのか、過剰な要求もせずに息子を連れて故郷に戻ってくれました。

　中国の病院は以前から「頭が痛い」「腰が痛い」といえばすぐに「2週間の休養が必要」などという診断書を気楽に書いてくれます。そして、中国現地法人の人事担当者も病院の診断を鵜呑みにしてそのまま休業を認めるという運用がよくあります。そのような対応を何年も続けていたので、気づけば多くの従業員が長期休業扱いになり、ほかの普通に出勤している従業員たちからは不公平だと感じられる不満の種になっていたという例もありました。

　以前は、中国人従業員の方々といえば工場で働く現場作業の方々が多かったですので、騒音・振動による難聴や長時間の立ち仕事による腰痛などが「定番」の休職理由だったのですが（外科的所見がなくとも認められやすい病気が選ばれま

す）、最近ではこれに加えて「焦慮状態（不安神経症のような状態）」などのメンタルヘルスに関する診断書が出されてくる事例も出てきました。

　現在は日系企業で工場の現場ではなくデスクワークで働く中国人従業員の方々も増えてきましたので、そうした変化もあってのことと思われますが、新たな理由が時代にあわせて生み出されてきます。私自身は、中国という場所は本当に上から下まで常に変化しており、飽きることなく日々気持ち新たに仕事に取り組ませてくれる場所だと思っているのですが、中国現地法人の労務管理に携わる方々にとっては頭の痛いことが多かろうと思うところです。

6 日常の積上げが ルールになる

　社内の制度の変更を行おうとすると、それ自体が大変な作業であり、ただでさえ忙しい駐在員の方が行うには負担が重過ぎるということもあるでしょう。そこで、人事系のコンサルティング会社に委託して、立派な社内規程一式をつくろうとする例がみられますが、そのような立派なものを導入しようとしても、従業員の理解が得られなければ頓挫します。そもそも会社ごとに規模や人員構成が異なりますし、管理のしかたも異なっているのに、同じルールで動けるわけがありません。

　また、法律的には文書の形式や体裁は問題ではなく、どちらかというと、そのルールが従業員に公表されて、意見を聴取したうえで平等な協議を経て決定されたかというプロセス（「民主的プロセス」という言い方をします）が重視されます。逆にいえば、なんらかの社内のルールが生み出されていく過程では、方式にこだわる必要はあまりなく、ルールが形成される過程で皆にそれが周知され、理解し、意見を述べる機会があるかどうかが問題なのです。

　ですから、いきなり立派なものをつくろうとするのではなく、日々の業務のなかで五月雨式に細かなルールを定め、実績として積み重ねていく方法をお勧めしています。

　これだと場当たり的になって、朝令暮改になるではないかと

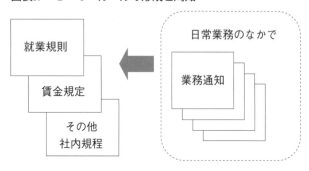

図表Ⅳ－2－6　ルールの形成と周知

就業規則

賃金規定

その他
社内規程

日常業務のなかで

業務通知

いうご批判もあるとは思います。しかし、朝令暮改であったと
しても、ルールが変わることについて皆が同意していれば、そ
れは正しいルールが時機に応じて形成されるということになり
ます。時代は移り変わっていくのですから、ルールもそれにあ
わせて変わることはあるでしょう。

　この方法は何がよいかといえば、「わかりやすい」というこ
とです。従業員の方に「《労働契約法》の何条をみてくださ
い」とか「何年に出た司法解釈をみてください」といってもわ
かってもらえません。法律の条文は一般的なルールで抽象的に
書いてあるからです。しかし、たとえばＡさんが顧客に不適切
なメールを送ったので訓告処分したという事例を一つ積み上げ
ておけば、次に別のＢさんが同じことをしたときでも、「Ａさ
んのときも、皆さんに注意喚起しましたよね」と説明すれば、
理解を得やすくなります。

　何より、一般的・抽象的なルールを設定しようとして、「起

こるかもしれない」さまざまな悪い場面を頭のなかで考えることは大変疲れる作業ですし、しかも、それを分厚い社内規程集を読み込んで盛り込もうとすることはさらに骨の折れる作業です。

　それよりは、具体的な事例があるつど、「こういうルールにしましょう」と社内で通知をして、従業員の意見を聞きながらルールをつくっていくほうが日常業務の改善活動を兼ねることができますし、分厚い資料を職場集会で配布するよりはずっと「民主的」なプロセスといえると思います。

7 退職時の法定退職給付
（経済補償金）

　従業員の退職にまつわるトラブルは、現地に赴任される駐在員の方々はもとより、日本にいらっしゃる人事担当の方々にとっても最も頭の痛い問題であるようです。さらには、事業の再編を考える場合、多人数に対して退職処理が必要になり、ストライキ等のトラブルが懸念されるほか、退職を伴う場合は補償をする必要があって一時期に大きな費用支出を伴う項目となる問題でもあります。

　キャストグループのWebサービス「キャスト中国ビジネス」でも、従業員を退職させる場合に支払う法定退職給付（経済補償金（※））に関するアクセス数は、数あるコンテンツのなかでも常に上位を占めています。

（※）　《労働契約法》の用語から「経済補償金」と呼ばれます。
　　　　労働契約を更新しないまたは中途で解約することにより従業員が被る経済的不利益を補填するために設けられた制度です。

　一方で、いざというときに従業員を解雇することは、経営者として重要な武器であり、リーダーシップの「潜在的な」源泉でもあります。ですから、一定の金銭を支払ってでも解雇を考えるべき場面は、それなりに頻繁に生じます。やや脱線です

が、ここで「潜在的」というのは、表立ってこれをリーダーシップの根拠とすべきでないという観点からです。日本でも、最近では経営者が自らに解雇の権限があることを述べることは適切でないのですが、中国ではさらに、従業員のメンツも考えてあげなければなりませんから、「クビになりたくなければいうことを聞け」などというのはあまり適切ではありません。「日本人が中国人を脅した」となると、戦争の歴史を連想させてしまい、思ったよりも感情的反発を招くことになることがありますので、お気をつけください。

「経済補償金」の支払は、本人の意に沿わない退職の場面で広く必要になります。会社都合でのリストラはもちろんですが、期間を定めた労働契約がある従業員でも、期間満了時に更新しない場合にも原則として支払が必要です。金額としては、だいたい勤務年数が3年なら月給の3カ月分、10年ですと月給の10カ月分の金額を会社から支給する義務があります。日本の退職金と似ているのですが、定年退職のときには支給されないというのが大きく異なるところです。また、自己都合退職のときには支給されません。

個別の従業員の退職に関する問題は別の機会に譲るとして、企業再編や解散・清算の場面では、この退職に伴う「経済補償金」の支払によって、企業にとって一時期に大きな負担が生じます。「経済補償金」は中国の労働者の方々の間では広く知れわたっており、退職時にゴネて多額の金銭をせしめたという怪しげな「武勇伝」に尾ひれがついて噂話として流布しています

ので、一攫千金のチャンスととらえる人もいます。そういうなかで、大勢を相手に退職の話をすることは非常に困難な仕事で、中国赴任歴が10年を超えるような猛者の方々であっても大変な思いをしたとおっしゃることが多いと思います。

　さらに、この「経済補償金」の財務的なインパクトという面でみますと、中国では、税務を基準に会計帳簿を作成しているので、引当金を計上している例は非常にまれで、その弊害が顕著に表れる場面といえます。しかしながら、一方では、あらかじめそのような出費があると認識さえしていれば、日本でみられるような「窓のない職場に異動させる」とか、「業態のまったく異なる子会社に出向させる」とか、必ずしも気分のよくない回りくどい方法をとらずとも、正々堂々と雇用関係を打ち切ることができるわけですから、それはそれで一つのよい仕組みといえるのではないかと思います。

　制度にはよしあしはなく、ただそれを知っているか知らないかが問題だということがよくわかる一つの場面かと思いますので、制度を知って活用することをお考えいただければと思います。

8 従業員の退職時の手続

　いわゆる懲戒解雇について《労働契約法》では、会社の規則制度に重大に違反したときなどいくつかの解雇事由をあげています。しかし、解雇事由の立証責任は雇用者側が負担することとなっていますので、解雇事由の存在を十分に立証できる証拠を雇用者側がもっていない（またはもっているがなんらかの理由で提出できない）場合には、敗訴の憂き目にあうこととなります。仮に後日、解雇の有効性が争われ、解雇が根拠を欠き無効と認定されてしまった場合には、《労働契約法》に基づき、①従業員に対して賃金を払い続けるか、②法定基準の経済補償金の２倍相当の賠償金を支払う羽目になります。

　また、手続も大切です。《労働契約法》では、企業側からの解雇については労働組合（工会）への事前通知を求めていますが、この手続を失念してしまったことで解雇が無効となってしまうこともありえます。

　そこで、このようなうっかりミスを防ぐため、書式を見直しておくことが有効です。私はご相談に来られた方に、「社内のルールに書いても、そもそもだれもそんなに熱心には読まないので、書式に入れておいたほうがよいです」と申し上げることが多いです。ルールは読んでいなくても、書式に何か記入する欄をつくっておけば、必要なサインを取得することを忘れずに

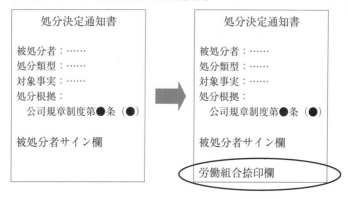

図表Ⅳ－2－7　解雇通知の書式変更例

すみます。

　私は基本的には「人間はうっかりミスをするもの」と考えており、何かミスがあったとしても「以後気をつけます」は解決策にならないと考えます。これは製造業の現場の方々にとっては当たり前のことと思いますが、「ポカヨケ」、つまりポカ（うっかりミス）をよけるために、「差し込み方向が間違っていたら通電しないように設計する」とか、「似たような部品の色分けを行って、違うものが入っていたら色ですぐわかるようにする」といったような工夫が日常的に行われています。

　会社のあらゆる事務処理についても、常に「ポカヨケ」を増やしていかなければなりませんが、そのとき、書式に欄をつくっておくという対策は応用範囲が広くかつ手軽ですので、この場面に限らず、頭に置いておいて活用いただければと思います。

第 V 部

IT

第 1 章 日本と中国を跨ぐIT活用

1 社内ITネットワークの構成

　中国に関係するビジネスに携わる方々にとって、現地に出張または赴任されている方と日本の本社との連絡方法をいかに確保するかは、常に頭の痛い問題と思います。現在はIT活用が進み、PCのみならずスマートフォンのアプリも業務上よく使われていると思いますが、一方で、日本から中国へ出張するときにはGoogleやFacebookのアプリが使えない、一部のWebサイトにアクセスできないといった不便はすでに普段から体験されているところと存じます。

　以下では、日本と中国に跨がって業務を行われる方々の活動をサポートするためのIT活用について触れます。

　まず、現地法人がある場合に一般によく用いられている構成は、日本と中国の両方に業務用のサーバーを置いて、日本にいる方々はPC（またはスマートフォン）から日本にある業務用サーバーにアクセスして必要な情報を送信したり受信したりする一方、中国にいる方々は中国に別のサーバーを置いてそこにアクセスするという構成であろうと思います。そして、日本と中国のサーバー間のデータを一定期間ごとに同期させることで、日本にいても中国にいても同じデータが活用できるということになります。

　一方で、中国側に常時滞在している業務人員がいない、また

は少数である場合には、中国側にサーバーを置かずに、中国から日本のサーバーにアクセスするという方法をとることになります。ただ、これは通信速度が制限され、ファイルサイズの大きなデータがやりとりできないという不便があります。中国出張中に何MBもある大きなメールを受信して、困った経験をおもちの方は多いはずです。

このサーバーは、かつては社内に大きなサーバーラックに入った機器が設置され、24時間大きな放熱ファンの音が鳴り響くので専用のサーバースペースを設けているような状態が普通でしたが、最近はクラウド上のサーバーに置き換わっているところも多く、故障対応やメンテナンスの苦労が小さくなりましたし、また、オフィスを移転する場合でもサーバーの引越しのための負担が随分と小さくなりました（すでに述べたとおり、中国では家賃が大幅に値上げされて移転せざるをえなくなることも多いですので、サーバーの大きな機器を引越しすることは相当負担でした）。

そして、このようにサーバーを経由させることによって、データの往来状況をログにより管理することができますので、社内情報の流出防止のための対策もとりやすくなります。10年前に比べると通信速度が格段に向上していますので、データはあっという間に流出してしまう時代ですから、サーバーにデータを保管することはよくないのではないかと心配なさる方もいらっしゃると思いますが、不正に情報を流出させようと考えた人間がいた場合に、それを思いとどまらせるためには、だれが

図表Ⅴ−1−1　社内ITインフラの構成

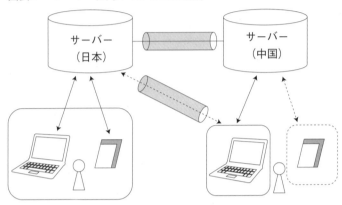

どのデータを動かしたのか「証拠が残る」ことのほうが大切です。その点では、個々人の手元にあるPCよりは、サーバー上にデータが保管されているほうが有効な対策を講じることができます。

　一方で、技術の進展によって、新たな課題も出てきてしまっています。

　中国では、固定電話が普及しないうちに携帯電話がいきなり普及したのと同じように、PCが多くの人に普及しないうちにスマートフォンがほぼ全員に普及したので、スマートフォンのアプリが業務にそのまま使われてしまっているということが起こっています。もちろん、業務用のスマートフォンを別にもっているわけではなく、個人のもっているスマートフォンとそのアプリを業務連絡にも使っているという状況です。そうすると、PC&サーバーの構成を前提とした従来のIT構成では、業

務上重要な情報が社内のITセキュリティが働かないところで外部と交換され、しかもそのことに会社として気づく方法もないということになります。

　中国では特に、PCは全従業員がもっているわけではないけれども、スマートフォンは基本的に全従業員がもっているので、どうしてもスマートフォンの運用が先行してしまうという面があります。一昔前は、会社の行事や災害時の対応など、全従業員への連絡が必要なときは電話の連絡網で連絡していましたが、いまはすべてWechatで連絡をとります。一時期はそれでよくても、これをこのままWechatに委ねていたのでは、会社の情報がどんどん会社のシステムの外に出てしまって、しかもそれが個人所有のスマートフォンに入っているので検査もできず、情報管理のしようがないということになります。

　ですから、スマートフォンの利用が一定程度常態化してきたときには、社内のシステムにその機能を取り込むことを検討いただくべきだろうと思います。グループウエアでSMSへの通知機能を備えているものも多数あるわけですし、スマートフォンからグループウエアにアクセスさせることで情報の流れが「見える化」されます。

　このように、中国ではスマートフォンの利用がどうしても先行してしまうので、システムの設計としてはどうしても後追いにならざるをえないのですが、逆にシステムを先に先行させようとすると、せっかくつくっても「Wechatのほうが便利」という理由で活用されず無駄になってしまうこともありえますか

ら、むしろ後追いのほうが効率的で「ハズレがない」ということになろうかと思います。

　最後に、社内のネットワークはつながっているのに中国側のIT管理はみえていないという景色をよく見かけます。その状況では、いつどのような情報漏えいが起こっても不思議ではありません。ただでさえ用語がむずかしいITの世界で、さらに日本語と中国語となってくると、これはかなりの難易度の高い管理になります。IT知識と語学能力、この2つを兼ね備えている人材はかなり少ないように思います。

　中国現地で採用したIT管理者が、日本本社のことまで考えて気の利いた対応をしてくれることはあまり期待できませんので、日本本社側からもみえやすい体制をつくっておくことが望ましいであろうと思われます。

2 日本側から
サポートしやすい構成

　中国側にIT担当者がいない、またはいたとしても十分なネットワークに関する知識・スキルをもっていない場合（さらには、日本語のOSを扱うことができない場合）、中国への出張者・駐在員のもつPCに故障が生じると、IT担当者としては対処に困ることになります。電話で中国現地から「PCが使えないと困るから何とか直してくれ」といわれたときに、いかに早く復旧させることができるかというのは、ビジネスをサポートする立場としては日頃苦心されているところと思います。

　また、中国ではPC、スマートフォンの盗難もよくあります。あまりにも普通のことなので逆に頻繁に話題になることもなく忘れられがちですが、「盗難にあわないように」という注意喚起だけではなく、PCやスマートフォンの盗難があったときにデータが流出しないことも、早期の復旧とともに考えておくべきです。

　このとき、以前であれば、日中間で国を跨いで大きなデータを交換することは通信速度の都合上むずかしかったので、電話で解決できる程度のごく最低限の対応（たとえば、新しいPCを用意して、せめてメールだけでも使えるようにする）を応急処置として行うことがせいぜいであったと思われます。現在でも、業務用のデータは容量が大きいために早期の復旧はむずかしい

ですが（データが大きすぎるので外付けHDDをもって飛行機でハンドキャリーしなければならないという冗談のようなことがいまでも起こります）、一方で、日本から中国にあるPCをリモートで復旧させることができる手段も増えてきましたので、出張者の方に「PCの電源を入れて、電話で指示された入力作業をする」程度の対応が可能でさえあれば、かなりの程度まで復旧することも可能となってきました。

　もちろん、あくまでもそれは事前の準備が必要であり、たとえば、そもそもバックアップがない、PCにインストールされたソフトウエアが把握されていない、本人もIT担当者もライセンスキーやパスワードを忘れてしまっているなど、何の準備もなければ、基本的にはデータの復旧は絶望的です。ですから、普段からの準備が必要です。

　また、現在では、サーバーの能力や通信環境が改善されたため、ITシステムはサーバー側でアプリケーションを動かすことが多くなり、各クライアント端末（PC）側で多くのソフトウエアをインストールしなくともよく、しかもデータも基本的にサーバー上に保管されるので、PCのデータのバックアップを忘れていても復旧できるなど、各端末側のデータを軽くしておくことで不測の事態に対応しやすくなっています。

　各PCで保管されている情報が多くなると、その情報の動きをつかみにくくなりますが、サーバーにデータが保管されていれば基本的にすべてのデータへのアクセスを把握することができるようになりセキュリティの向上にもなります。

私はITシステムのベンダーではないので、ここで「これで
お悩みはすべて解決します」とお勧めの商品をご紹介すること
はできないのですが、いまは自社で大きな開発コストをかけず
とも、すでにある外部のサービスを利用することで解決できる
部分が相当あります。IT関連のサービスは次々に新たなもの
が登場しており、コストパフォーマンスも考えて会社の業務に
あったものを導入することが望ましいです。

　パッケージですでに用意されたものがあるのにあえてそれを
使わずに自社オリジナルのシステムを構築しようとすると、費
用もかかりますし、何よりもビジネスのスピード感は失われま
す。中小企業の方々は特にそうだと思われますが、それぞれの
企業、それぞれのビジネスで必要なものは異なります。ですの
で、企業経営にかかわる方々にはITについての理解も少しお
もちいただけるとよいかと思います。

　なお、私は仕事柄、M&Aにかかわることが多いのですが、
中国現地法人が日本と同じシステムを導入していると、M&A
でその現地法人の持分を第三者に譲渡してグループから離れる
ような場合に、基幹システムが使えなくなるので新たなシステ
ムを入れなければならず、第三者への譲渡による撤退の難度が
上がってしまうことがあります。日本と中国ではITの環境そ
のものが違うこともありますので、中国では中国に適したシス
テムを入れ、インターフェース部分だけを日本本社のシステム
と連結可能なように設計するという発想も、場合によってはも
っておいていただいたほうが便利なことがあります（そうする

と日本のIT管理者の方々からすると目が届きにくくなるのですが、もし中国現地でのなんらかの規制によって不具合が生じても日本本社のシステムは守られるというメリットもあります）。

3 ネットワーク遮断の対策

さて、次は社内に限らず、インターネットを使ったサービスをビジネス上展開していくときに、中国関連のビジネスで気をつけるべき事項として、中国の国内と国外を結ぶネットワークの管理について触れます。

中国では、しばしば中国国外のWebサイトへのネットワーク接続が遮断されることは、報道等でよくご存じのところと思います。インターネットを経由した接続は、「このPCからあのサーバーに接続している」ようにみえても、直接その2つを通信させるのではなく、数多くのルーターを信号が経由・リレーして接続されています（PCのコマンドプロンプトから「trace route（tracert）」のコマンドを入力してみていただくと、どこを経由しているのかがIPアドレスでわかるようになっています。それぞれのIPアドレスがだれの管理するものであるのかをみるには、「Who Is」というドメイン名の申請・届出時の登録情報を検索するサービスを使います。ここでは詳細の説明はしませんが、興味がある方はJPNICなどのWebサイトをご覧ください）。

そして、中国国内から中国国外に接続しようとするときは、必ず、国家公用ネットワークが提供する「国際ゲートウェイ」を経由するようになっており、国際通信ケーブルの入国側のステーションや、国際ゲートウェイルーターなどの設備は無断で

設置することはできません。たとえば衛星放送のアンテナのようなもので国外と直接接続しようとするときも許可の取得が必要です。

　国際接続ができるインターネット接続サービスの提供業者（プロバイダ）は、それぞれ特別な経営許可証をもち、かつ、China NET、China GBNといった特定の相互接続業者と契約していなければなりません。そうして、ユーザー登録をしたうえで、ユーザーに国際ゲートウェイ経由での国外のサーバーへの接続を提供することになっています。中国国外の特定のWebサイト等への接続を遮断する、いわゆるグレート・ファイアウォールと呼ばれるシステムも、このような仕組みのもとで成り立っています（厳密には、このゲートウェイそのものが遮断の機能をもっているわけではなく、中国国内で信号を経由する部

図表Ⅴ－1－2　国際ネットワーク接続

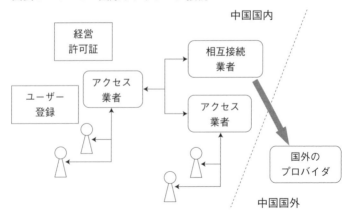

分に、特定のWebサイトのIPアドレスなどの遮断ルールを配信することで遮断しているようですが、私自身は技術者ではないので具体的な方法まではよくわかりません)。

このようなインターネット接続インフラを前提にビジネスを考えると、国際ゲートウェイを越えてユーザーを中国国内から中国国外のサーバーにアクセスさせようとするようなビジネスモデルは、「ある日突然に接続が遮断される」という大きなビジネス上のリスクを抱えることになります。これは、たとえばスマートフォンアプリをつくってユーザーを中国国内にも広げていこうと考えるような純然たるITビジネスの場面に限らず、中国国外のサーバーに中国国内の消費者がアクセスして個人で商品を購入する越境ECサイトの運営の場面でも、考慮すべき事項となります。

この観点から、中国国内にサーバーを設置して、それを運用してビジネスを行うことを企業各社において実施されていることになりますが、その場合には中国のインターネット関連の許可取得が必要になるか否かが大きく影響します。たとえば、中国国内に現地法人を設立して、その法人が自社の商品をネットで販売するときには許可の取得は不要で届出で足りるのですが、他社の商品も扱おうとすると特別の許可証取得が必要となり、その許可証の取得難度は非常に高いものとなります。それぞれの届出や許可がなければ、接続業者にポートの設定等をしてもらえませんので、実務的にもこれは大きな障害になってきます。

ですので、中国でインターネットを活用したビジネスを展開しようとするときには、このような中国固有の状況を考慮して、なるべく許認可取得のハードルが低いビジネスモデルを志向していくことになります。

　少なくとも、遮断の対象となるような敏感な情報が載らない仕様にしておくことは考えるべきですが、一時的に接続が遮断されたとしても、数時間または数日のうちにバイパスすることができるようなものであれば、万一の事態に備えてバックアップ回線を用意しておけば足りるということもあります。政治的要因などで日中間のインターネット接続が急に不調になることもありますが、通信事業者の方々は多くの企業からそのような情報を集めて対応なさっていますので、ずっと解決されないということはまれであろうと思われます。

　必要な投資の大きさをにらみながらということになりますが、現在ではサーバーも安価ですみやかに確保することができるわけですから、BCP（Business Continuity Plan。事業継続計画）の一環として考慮しておけば、金融機関などごく一部の特殊な例を除けば対応は可能なのではないかと思います。

第 **2** 章　ソフトウエアの地位の
転換

以前は、ソフトウエアというと、PCで動作するマイクロソフトのOfficeなどのように「PCにインストールされて使われるもの」か、それぞれの機器に専用で作成されて組み込まれて機器を動作させるのに使用するファームウエア（組込みソフトウエア）として認識される場合が多かったと思います。この場合、ソフトウエアは機器にインストールして出荷される、機器を動かすための「部品」と認識され、ソフトウエアのメーカーは機器メーカーからみるとサプライヤーと認識されることになります。

　一方、現在ではどうかといえば、ハードはそのシステムのなかで用いられる「一部品」にすぎず、「SIer」（システムインテグレーター）が自らのシステムにあうハードを選定して組み合わせ、そのシステム一式を顧客に提供するというビジネスモデルが広がってきているように感じます。ソフトのほうが進化して、さまざまなハードに対応できるようになったということでしょうか。ハードの開発には長い時間がかかりますので、ソフトのほうがさまざまなハードに対応できるように進化したとすれば、それは自然な流れだろうと思います。スマートフォンをみてみるとわかりやすいですが、OSやミドルウエアに橋渡しされることで、さまざまなアプリがスマートフォンのメーカーや機種に依存せずに使われています。ソフトとハードとのつながりはこのように随分と変化しました。

　ですから、ハードウエアに関するビジネスを考えるときでも、発想としては「どのハードウエアに組み込まれるか」を考

図表V−2−1　ハードウエアとソフトウエア

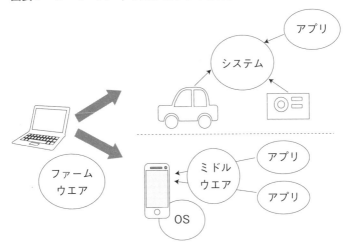

えるだけではなく、「ソフトウエア次第でどういう活用があり
うるか」を考えて、幅広くニーズを模索していくことが求めら
れるのであろうと思われます。

　現在では、たとえばカーナビがスマートフォンにとってかわ
られるように、機器に組み込まれることを前提としたソフトウ
エアでは更新困難さがネックになってしまうことが起こりやす
くなってきています。私が使っているカーナビは少し型が古い
もので、地図の更新が通信経由ではできずに、インターネット
からPCでダウンロードしたデータを、USBなどを使って手作
業で移さなければならないものでした。これではスマートフォ
ンに勝つことはむずかしかろうと感じたものです。

　一方で、すでに世に出たハードウエアが後に通信を通じてソ

フトウエアを書き換えることに対応しているということは、製品をつくる側からみても便利なことがあります。

たとえば、スマートフォンの特許では「ページの一番下まで画面をスクロールさせると、ゴムで引っ張るような感じで画面が少し戻る」というものがあるようですが、それを知らずにスマートフォンを売り始めてしまったとしても、後でシステムの更新のときにユーザーインターフェース（UI）を変えれば、その後は特許に抵触しない製品を世に出せます（スマートフォンを使っていると、時々システム更新で操作方法が変わってしまって戸惑うのですが、背景にはそういったことがあるのかもしれません）。

このような変化による製品開発そのものの状況の変化も、上記のような中国の方々の（日本の目線でみると）「場当たり的」ともみえる考え方にはあっているのかもしれません。

シリコンバレーでは、オープンソース・ソフトウエアにより開発コストが大きく下がりました。深圳のスタートアップ企業などをみると、市場ではスマートフォンやカメラといった設計ずみのマザーボードが部品として売られており、知的財産権の問題はやや疑問があるものの、少なくとも社内での開発段階では気軽にさまざまなリソースが入手できます。これにさまざまな部品を付け加えることで、自社においてマザーボードの設計から行わずとも新商品を次々に開発できるようになり、ハードウエアの開発コストを大きく下げることにつながっているようです。そうして小さな開発コストで多数の製品を世に送り出

し、そのうちで市場に受け入れられたものがさらに派生して発展していくというかたちで、日系企業のあらかじめつくり込んだサンプルを提供するのとは違ったビジネスの方式が展開されています。いちいち設計して金型をつくってテストして、ということをせずにすむモジュール部分を活用するわけですから、開発期間も短く、開発コストも小さいので、開発のハードルはとても低くなってきます。

そして、そこに「売ってみてから考えよう」という中国でよくみる「場当たり的」な発想が加わることで、非常にスピード感がアップします。

現在はニーズが多様化し、たえず変化する時代ですから、大量生産の規格品がずっと売れ続けるということは見込みがたいように思われます。ファームウエアのアップデートによって新たな機能をもたせるなど、製品が世に出た後も変化に対応することは一つの大きなポイントになります。製品アーキテクチャについてはインテグラル型（すり合せ型）、モジュラー型（組合せ型）があり、インターフェースがオープン化することでモジュラー型では部品メーカーの重要性が相対的に高まるということは以前からいわれていましたが、現在では、通信技術の進展でそれが通信を含んだかたちで再考される時期なのだろうと理解しています。

このような変化の影響を受ける一つの場面としては、製品開発を進める過程で、特許調査（他社の特許権を侵害していないかの調査）をいつ行うかという視点があります。従来は、製品の

開発プロセスが長く、開発コストも多大であり、しかも最初の設計仕様が基本的に変わらない前提で進めるものですから、まだ開発の初期の頃に特許調査を行うというのが基本的な発想でした。そして、設計の段階で他社の先行特許を回避するような製品開発を行うことができればコストも下がるし他社とのライセンス交渉に左右される不確定要素もなくなるのでよいという考え方がありました。

　しかし、よく考えるとこれは、そもそも開発が成功するかどうかもわからない、開発できても顧客と市場に受け入れられるかわからないというシロモノに多大な労力と時間をかけるということになります。いまはどちらかといえば時間のほうが問題で、スピード感が損なわれる一つの要因になり、ビジネスのチャンスを生かせないことにつながるかもしれません。せっかく開発してもライセンスを受けられなければ売れないので意味がないではないか、と思う一方で、そもそも売れなければライセンスを受ける意味もありません。そういった意味では、中国式の「場当たり的」で「数打って当たった時考える」という方法は、なるほど経済合理性があるのかもしれません。

　このようなことは、日本の大企業ではまだまだむずかしいのかもしれませんが、小回りと融通が利く中小企業にとってはチャンスといえるのではないでしょうか。大企業の方々であっても、先回りして心配する習慣を少し意識的に抑えてみる、独立性の高い子会社や外部とのJVでやらせてみて本格的な事業展開に至るならばその時にそれを取り込むといったような視点を

もって、少し「いい加減さ」をもっていただくことは有益なことがあるかもしれない、と思っています。

　ソフトウエア開発ではアジャイル開発という言葉があり、だいたいの仕様だけを決めておいて、設計、実装、テストを繰り返しながら開発を進めていきますし、製品が世に出た後にも改善していきます。イメージとしては、それをハードウエアの世界で行っているのが深圳のビジネスモデルなのかもしれません。

　このような変化は、私が従来行っている法務の業務にも影響します。共同開発契約や開発委託契約においても、過去のように、まず仕様を決めて、それに向けてマイルストーンを設けて開発を進めるようなウォーターフォール型の過去の契約条項を踏襲すると、現在の実際に進められている開発の状況とはあわなくなる部分も出てきます。市場のニーズの変化や周辺技術の進展が早いので、開発が遅れているうちに不要になってしまった、そういったことが起こる可能性も高まってきます。そのほかに、開発過程で生じる成果物の取扱いに関する契約や取引条件にも影響する事項と思われますので、視点としてもっておいていただければと思います。

コラム⑩

情報と実務の時間差

　日本では法律について多くの書籍が出版され、論文も数多く、権威ある先生方が十分な調査・検討と推敲を尽くした書籍や論文があるので、個別の問題についてかなり深く、しかも正確な情報を得ることができます。大学の先生が書かれている書籍や論文であれば、商業的意図を勘繰ることも特に必要なく、非常に便利です。

　一方で中国では、書籍を購入しても数年たてば陳腐化してしまうという「イノベーション」の早さですから、必然的に情報入手方法としてはインターネットを通じた情報が主となります。中国では、書籍なら書籍番号（书号）、雑誌なら刊行物番号（刊号）、インターネット出版ならネットワーク出版物番号（网络出版物号）を取得しなければ出版できません。そのことも書籍情報の少なさの一因かもしれません。

　インターネット上の情報は玉石混交ですから、一つの情報だけをみて判断すると失敗することがあります。特に、私のように法律に関する仕事をしていると、中国では法令の改正が頻繁に行われますので、古い法令に基づいた情報がずっと残ってしまっているものをみてしまうことがあります。ですから、必ず複数の情報に当たることにしていますが、どこに最新の情報が掲載されているのかがある程度わかるまではなかなか大変です。

　しかも、中国ではインターネットに公表されていないが実はルールとして存在しているという例もあります。たとえば、以前は技術輸入のときのランニングロイヤルティーは原

則として上限５％までというルールがあったのですが、これは中国がWTOに加盟して廃止されました。にもかかわらず、一部地方の政府機関内部のマニュアルでは相変わらずそのルールが生き残っていて、なぜか廃止されたルールに従って審査されるという奇妙な現象が起きていた時期もありました（もしかすると現在でもあるのかもしれません）。

　ですので、インターネットの情報というのは便利ではあるものの、結局は昔ながらの「政府機関の担当者に電話して聞く」ということをせざるをえなくなります。担当者も昔の知識で間違ったことをいうことがありますので、インターネットのURLを伝えて、それをみてもらいながら相談してようやく正しい答えに行きつくといった具合です。

　私はよくセミナーで冗談として申し上げるのですが、「なにせ中国は大陸で非常に広いですから、新しい法令が出ても、地方にその情報が行き渡るのに３年から５年くらいかかります」という状況がよくみられます。実際にはその情報に基づく実務運用がマニュアル化されて担当者レベルで定着するまでの時間がかかるわけなのですが、インターネット全盛の時代に人間はどこまでついていけるのだろうかなどと不安に思うこともあります。

第 **3** 章 キャッシュレス社会・中国

さて、また話を現地側の視点に戻して、あと２つの話題を取り上げます。

　ITの話題というと、どうしても先進的なサービスや画期的な商品などをイメージしてしまうものです。しかし、日常の一つひとつの業務処理についても、IT技術の進展によって、日本と中国で思いがけない違いが生じている部分もあります。キャッシュレス化については、現地での業務・生活の安全に大きくかかわる話題といえます。

　中国は日本に比べてキャッシュレス化が進んでいることは報道でもよく目にされるところと思います。一方で、日本から現地に赴任する方々には、このキャッシュレス社会ならではの「落とし穴」もあることを認識いただかないと、思わぬ危険に遭遇し、大きな損失を出してしまう可能性があるので、ぜひ、知っておいていただきたいことを挙げます。

図表Ⅴ－３－１　２つのトラブル

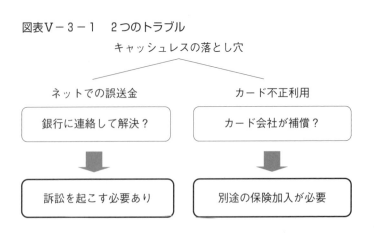

キャッシュレスの落とし穴

ネットでの誤送金

銀行に連絡して解決？

↓

訴訟を起こす必要あり

カード不正利用

カード会社が補償？

↓

別途の保険加入が必要

1 ネットバンキングでの誤送金

　一つ目は、ビジネス上のさまざまな資金決済は、基本的にネットバンキングで行われるということです。銀行窓口に赴いて振込みの手続をすることもイレギュラーな場面ではありますが、日常のルーティーン業務はほぼすべてネットバンキングを用います。

　ネットバンキングでは、誤送金が頻繁に起こります。不思議なもので、人間は手書きの書類のときには、目を凝らして熱心に読みにくい字をチェックするのですが、いざそれがタイプされたキレイな文字がPCの画面に表示されると誤りがあっても読み飛ばしてしまうということが起こります。私自身もよくこの失敗をしますので、大事な書類は必ず印刷してチェックします。チェック後はすぐシュレッダーにかけてしまうので資源の浪費のようにもみえるかもしれませんが、紙に印刷してみることは見間違いや見落としの防止のために確実に効果があるのです。

　誤った送金先に送金をしてしまったとき、日本だと直ちに銀行に連絡をして送金の取消しや組戻しを依頼することで解決できることも多いのですが、一方、中国の場合には、そうはいきません。ネットバンキングで送金承認のボタンを押したら数秒で相手方に着金するというスピード感ですから、銀行側で止ま

っている時間がないので、銀行に依頼しても解決できなくなります。

　そうすると、相手が任意に返金に応じてくれない限り、訴訟を起こさないと取り戻せないという状況になってしまいます。そのとき、相手方がすでに「夜逃げ」してしまっていて連絡すらつかない、または、その相手方の口座がすでに第三者である債権者から差し押さえられてしまっているということもありますので、そうなると非常に解決困難な状況になってしまいます。このようなトラブルを避けるため、「気をつけましょう」の一言ですませようとするのは危険であり、人為的ミスを事前に防ぐ仕組みが必要です。

　ネットバンキングでは、入力・申請の処理者と、その入力・申請されたデータの承認者を設定することができ、かつ、承認者を複数段階で設定することもできますので、自社内でワークフローが構築されていなくても、このネットバンキングでの決済の過程でそれぞれの承認者の確認を得ることができます。一方で、たとえ社内の稟議決裁やワークフローの流れのなかでは承認権限をもっていたとしても、実際にネットバンキングの操作のなかで承認者として設定されていなければ、いくらでも承認がないまま銀行からの送金ができてしまうという、いわば「財布に大穴の空いた状態」になってしまいます（「中国語だからみてもわからない」というだけの理由で、こんな大穴を空けていることは、さすがにアンバランスであろうと思います）。

　このネットバンキングの利用者は、それぞれ専用のUSBキー

をもちます。USBキーが自分の手元にある限り、他者がなりすまして承認の操作を行うことはできず、しかも、USBキーさえあれば日本からでも承認操作が可能ですので、ぜひ、複数の承認者を設定して安全を確保することをお勧めします。

カードの不正利用

　もう一つは、クレジットカードや銀行カードの不正利用です。

　中国ではスマートフォン決済が安全で便利ですので、クレジットカードを使う場面はあまりないのですが、もう一つ、スマートフォン決済がカード決済よりも好まれる理由として、カードは不正利用されやすいという原因があると思われます。

　地下鉄の駅に設置されているATMで現金をおろし、その後数軒の飲食店でカードを使ったところ、その翌日に口座から多額の現金が引き出されたというような事例も発生しています。カード自体はずっと自分の手元にあるにもかかわらず、です。日本に海外から持ち込まれる偽造クレジットカードが大量に発見されるなどのニュースは以前からありますが、中国でカードが不正に利用される事例はどこに原因があったのかわかりづらく、対策が打ちにくいことが多い印象があります。

　実はスマートフォン決済でも、クレジットカードや銀行カードに紐づけられていることが普通ですので、同じようにカードの不正利用の被害につながることがあります。最近、日本で大手コンビニエンスストアチェーンの立ち上げたQRコード決済アプリのサービスが、不正利用によってサービス停止に追い込まれたことは大きな衝撃でした。中国はQRコードでは日本よ

りも何年も先行しています。その分、不正な攻撃を仕掛ける側のスキルも日本とは段違いに高いと考えてよいのかもしれません。

　日本の場合は、クレジットカード会社や販売店、銀行などにおいて利用を取り消し、損害を補填してくれることが多いですが、中国ではこのような場合、別途の保険に加入しておかなければ救済されません。クレジットカードだけでなく、銀行の預金もそうなのです。ですから、事故にあわないように、常に安全を確保する方法を考えておかなければならない必要性は、日本よりも格段に高いといえます。やはり痛みを伴いながら先を歩んできた先人の知恵と経験は大切です。そのような環境で何年も発展してきた中国企業から学べることも多いかもしれません。

第 **4** 章 言葉の壁を超える「翻訳」

最後は比較的軽い話題で、「Wechat（微信）」というスマートフォンのアプリの話です。

　私自身も最近になってようやく中国の同僚から教えてもらって知ったのですが、いま、Wechatのチャット機能にはすでにデフォルトで、音声認識の機能と、自動翻訳の機能が組み込まれています。

　あるメッセージを長押しすると、「転送」「コピー」などのメニューが出てくると思うのですが、数秒待つとそこにさらに「翻訳」というメニューが出てきます。さらに、音声で届いたメッセージを文字に変換してくれる機能もセットされています。「長押し」して、さらに数秒待つことが必要ですので、せっかちな人には少し見つけにくい機能だと思うのですが、ぜひ、試してみてください。

　さらに、WechatはPCにも連携することができます。

　いまのところ、基本的には中国語にしか対応していないようで、音声が認識できるのは中国語の標準語のみ（広東語はいま

図表Ⅴ−4−1　今後は必携

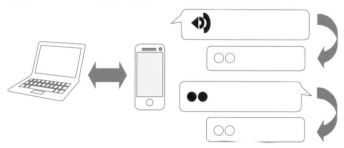

のところ不可のようです）、翻訳も外国語から中国語のほうしか精度がよくない（翻訳方向は、Wechatのデフォルト言語設定によるようです）という不便さはあります。しかし、専用の翻訳アプリを起動する必要がなく使えますし、何よりも日本の方々が最も中国語学習で苦しむ発音と聞き取りの部分をアプリで補ってくれるわけですから、それなりに中国語ができる方々でもダブルチェックの意味を込めて、あえて電話ではなくWecahtのチャット機能を使うということは、思い違いや勘違いによる事故を防止するのに役立つだろうと思います。

　ちなみに、スマートフォンの機種を変えていなくても、いまのアプリは知らないうちに機能が追加されていて、しかも逐一親切に教えてはくれないので、驚くことがあります。中国メーカーのスマートフォンで、フォルダに写真を保存しておきますと、いつの間にか保存された写真を相互に照らし合わせて人物を認識し、同じ人物が映っているほかの写真を表示する機能があります。さすが顔認証技術では先行している中国で、こういうさまざまな場面で活用しながら経験を積んでいるのだなと感心しつつ、私の知らない機能がたくさん隠されていることに少し戸惑ったものです。

　脱線しましたが、言葉の壁と翻訳の話に戻りますと、一般的にいえば、翻訳には、①その場その場で直ちに文書の意味を知りたい（けれども、文書にして保存するようなものではない）という、いわば「使い捨て」の翻訳と、②契約書やマニュアルなど、翻訳した後の書面が保存されて後日読み返されることが予

定されている翻訳があります。

　このうち、現在は②の部分が翻訳業務として認識されていますが、実際のビジネスの場で商談をしていると、書面を提示されて「では、翻訳するので、来週あらためて再度お話しましょう」というような悠長なことはできないことが多いと思います。ですから、実は①の「使い捨て」の翻訳の部分こそ、ビジネスをするうえでは大切になり、だからこそ通訳の能力はビジネス上は非常に重視されます。

　これまでは、翻訳は基本的には「人力」「手作業」でした。しかし、テクノロジーの進化によって「使い捨て」の翻訳の精度が上がってくることで、これまで言語の壁によってスピード感が失われていたことで成立しなかったビジネスも成立するようになる、そういったことが起こりえると個人的には考えているところです。

　私も交渉の場面などで通訳のような役割を務めることもありますが、すべての発言を逐語で同時通訳することは実は非常に困難です。そして、同時通訳がたとえ正確であったとしても、どうしてもわかりにくさが残ってしまうことは皆様ご経験があろうかと思います。そのように考えると、翻訳が「全自動」になることはありえず、意図を理解したうえで理解できるように手を加える作業は人間が行う「半自動」が主流となると思われます。

　しかし、精度は低くても瞬時にまず機械で翻訳しておいて、重要な箇所や気になる箇所だけを人間がチェック・修正すると

いうことが効率的に行えるようになれば、いまよりも格段に言葉の壁は低くなり、ビジネスの現場の方々を助けることになるでしょう（衣類を仕分けて折りたたむ機械をつくるのは困難ですが、人間が仕分けて所定の場所に置いた衣類を機械が折りたたむことは簡単で、実はそれが最も効率がよいわけです。それと同じことと思います）。

　私がかかわったトラブル事例のうちには、少なからず「中国語がわからない」ことが原因で発生したものがあります。それは決して通訳者の問題ではなく、「できる（可以）」「大丈夫（没問題）」という言葉が日本語と中国語では意味が微妙に違う（「たぶん」「〜と思う」が言葉の表現として省略される）など、「翻訳以外の言葉の壁」のせいでもあるのですが、便利な機械ができつつあるわけですから、ぜひこれを活用してビジネスを行ううえでの障害を小さくしていっていただければと希望しています。

コラム⑪

翻訳と、夜のトラブルと……

　中国語と日本語では、翻訳しようとすると日本語にちょうど当てはまる言葉がなく、わかりやすくするために近い言葉を選んで翻訳するのですが、それによって誤解が生じてしまうということが往々にしてあります。

たとえば、一時期よく問題になり、現在でも時々相談を受ける、日本人の方々が中国に出張するときのノービザ入国に関するトラブルがあります。かつて、ノービザ入国が認められる範囲は「商用」と理解され、およそビジネスであれば広くノービザ入国が可能と理解されていたことがあったのですが、これは中国語の「経商」を「商用」と翻訳してしまったために生じた誤解でした。中国語の「経商」は通常の商談などは問題なく含まれますが、中国現地に日本からの出張者が赴いて技術指導など継続的に行うような場合はカバーされないというのが今日的な理解です。

　およそ日本人の技術者の方々が中国に技術指導に来ることが歓迎されていた時代は、実際に取り締まられることがあまりなかったので誤解に気づかずに過ごせました。しかし、2013年に《外国人入出国管理条例》が施行された時に、それ以前の《外国人入国出国管理法実施細則》で「経商」がＦビザの対象とされていたところ、新たに《外国人入出国管理条例》では「商業貿易活動」をＭビザの対象としたことから、ビザ取得を要する業務の用語とノービザ入国を認める特別規定とで言葉が一致しなくなりました。そして、ちょうど日中関係があまりよくなかった時期と重なったこともあって、いままでノービザで認められていたものが認められなくなるという変化が生じ、よくみてみると「経商」は「商用」という言葉とは少し意味合いが違うということが認識されることになったということです（そう考えると、翻訳の不一致というよりは、時期や環境によって言葉の意味が変わってしまったということなのかもしれません）。

　この言葉の違いで、一つ、ビジネスと関係ない（かつあまり上品でない）お話で恐縮ではありますが、中国にビジネス

で訪れる方々にぜひ知っておいていただきたいのは、日本語で「買春」と訳出されることが多い中国語「嫖娼（Piao Chang)」は、日本のような狭い意味ではなく相当幅広い意味をもつ言葉であるということです。ここで具体的にどう違うのかご説明申し上げることはさすがに差し控えさせていただくこととしますが、日本のいわゆる風俗店は基本的にすべてこれに含まれ、「お金が介在したらそれだけでアウト」というくらいの広い意味と理解しておいていただければ、大きくは間違っていないでしょう。

　この点も、時代として諸先輩方が中国ビジネスを開拓なさっていた、ある意味で「おおらか」な時代ではなくなっていることもあわせて考えると、言葉の意味に注意しなければならない一つの大事な場面だと思います。言葉の意味一つ取り違えていることで、人生を大きく踏み外してしまうかもしれないという場面はそう多くはありませんので、ぜひ覚えておいていただければと思います。

おわりに

　現在はさまざまな情報が氾濫する時代です。これまでにだれも経験したことがないほど大量の情報が常にネットワーク上を駆け回り、フェイクニュースなどの問題も起きています。

　世の中には「中国はこうだ」とか「中国ではこうだ」といった論調がよくみられますが、本書で繰り返し述べたとおり、「分散」が大きい中国では、それぞれの情報は普遍的に適用できるものではなく、断片的なものでしかありません。そして、（最後まで熱心に読んでくださった方々には若干申し訳ないのですが）本書でご紹介させていただいた内容そのものも、やはり断片の一つでしかありません。

　そういったなかでビジネスを行っていく方々に求められることは、「決めつけ」や「思い込み」をなくすことではなく、仮に想定していたことと違うことが起きたとしても対応できる柔軟性であろうと思っています。そのためには、想定外のことも起こるかもしれない、起こりやすいポイントをなるべく知っていただくことは有益でしょうが、それでもなお新鮮な驚きに満ちた場所が中国ビジネスの現場だととらえていただき、その日々の身のこなしを磨いていただく一助として本書をご活用いただければと思っています。

　また、中国ビジネスの現場はまさに異文化コミュニケーションです。中国ビジネスにかかわるようになり、実際に中国で長

年生活してみて、再発見したのは中国の何かではなく「日本が」どういう社会かということだった気がします。

これから中国現地に赴かれる若手の方々には「おもしろそうだ」と思っていただければ嬉しいですし、すでに中国現地から帰任された駐在経験者の方々には「そういうところはあるよね」とクスクス笑いながらお読みいただければと希望しています。また、すでに現地に駐在している方々や、頻繁に中国に出張なさっている企業の中国ビジネスの第一線で活躍されている方々には、「けしからん」と感じることや「困った、どうしようか」と悩むことがあったときに少し視点を変えていただいて、新たな突破口になるアイデアを見つけるためのきっかけになることがあればと願っています。

最後に、あらためて、私がここまで中国ビジネスにかかわる機会を与えてくださったすべての方々と今回の出版にご助力いただいた方々に厚く御礼申し上げます。

■著者略歴■

金藤　力（かねふじ　ちから）

1975年大阪生まれ。1998年京都大学法学部卒業、2000年弁護士登録。大阪の法律事務所で国内訴訟業務に携わり、その後、2003年から京都の上場企業法務部において企業法務の経験を積んだ後、2008年に弁護士法人キャストに参画。2010年から上海、2014年から北京に赴任し、法務・会計・税務までワンストップでのコンサルティングサービスを提供している。現在は大阪在住。2018年中小企業診断士試験合格。弁護士・中小企業診断士。

■所属・活動■

キャストグループ

日本の弁護士法人キャスト、キャストコンサルティング株式会社、中国のキャストコンサルティング（上海）有限公司（中国語で「加施徳諮詢（上海）有限公司」）を中核とする中国ビジネスの老舗ファーム。日本では東京・大阪、中国では上海・北京・蘇州・広州・香港、その他にベトナム（ホーチミン）、ミャンマー（ヤンゴン）などに事務所、現地法人を有する。日本語・中国語双方に堪能な弁護士、会計士、税理士など多数の専門家を擁し、法務、会計・税務、人事・労務、M&A、税関、マーケティングなど、幅広い分野で日系企業の中国ビジネスをサポートしている。
URL：https://cast-group.biz/

KINZAIバリュー叢書
弁護士が語る中国ビジネスの勘所

2020年1月21日　第1刷発行

著　者　金　藤　　　力
発行者　加　藤　一　浩

〒160-8520　東京都新宿区南元町19
発　　行　　所　一般社団法人 金融財政事情研究会
企画・制作・販売　株式会社きんざい
　　出　版　部　TEL 03(3355)2251　FAX 03(3357)7416
　　販売受付　TEL 03(3358)2891　FAX 03(3358)0037
　　　　　　　URL https://www.kinzai.jp/

校正:株式会社友人社／印刷:株式会社日本制作センター

ISBN978-4-322-13517-6